法律法规释义系列

北京市生产经营单位安全生产主体责任规定
释 义

北京市应急管理局
北京市司法局
编著

中国法制出版社
CHINA LEGAL PUBLISHING HOUSE

编委会成员

编委会主任：张树森　李富莹
编委会副主任：唐明明　卞杰成　谢清顺　郭　卫
编委会委员：曹柏成　靳玉光　王鸿剑
参加编写人员：王洪志　何明明　戴贺霞　张　聪
　　　　　　　　吴晓云

目 录

第一部分 总 则 …………………………………… 1
第 一 条 【立法目的】 …………………………………… 1
第 二 条 【适用范围】 …………………………………… 4
第 三 条 【主体责任内涵】 ……………………………… 7

第二部分 生产经营单位安全生产主体责任 ………… 12
第 四 条 【主要负责人责任】 …………………………… 12
第 五 条 【其他负责人及安全总监责任】 ……………… 20
第 六 条 【安全生产责任制】 …………………………… 24
第 七 条 【安全生产规章制度】 ………………………… 28
第 八 条 【安全操作规程】 ……………………………… 32
第 九 条 【资金投入】 …………………………………… 36
第 十 条 【安全生产责任保险】 ………………………… 39
第 十一 条 【安全管理机构（人员）】 …………………… 44
第 十二 条 【安全管理机构（人员）】 …………………… 49
第 十三 条 【劳务派遣人员】 …………………………… 53
第 十四 条 【注册安全工程师】 ………………………… 56
第 十五 条 【安全管理机构（人员）责任】 …………… 59

第十六条	【安全生产知识和管理能力】	………	63
第十七条	【安全生产教育和培训】	………	66
第十八条	【教育和培训档案】	………	70
第十九条	【特种作业管理】	………	72
第二十条	【场所、设备设施的禁止性要求】	………	75
第二十一条	【设备设施安全】	………	82
第二十二条	【安全警示标志】	………	84
第二十三条	【安全生产经营决策】	………	86
第二十四条	【安全告知】	………	88
第二十五条	【危险作业管理】	………	90
第二十六条	【安全生产管理协议】	………	94
第二十七条	【安全生产管理协议内容】	………	98
第二十八条	【劳动防护用品】	………	100
第二十九条	【风险管控和隐患排查】	………	104
第三十条	【生产安全事故应急救援责任】	…	109
第三十一条	【高危行业应急救援责任】	………	114

第三部分 监督管理 ……… 116

| 第三十二条 | 【政府监管部门】 | ……… | 116 |
| 第三十三条 | 【监督检查重点】 | ……… | 121 |

第四部分 法律责任 ……… 124

| 第三十四条 | 【主要负责人法律责任】 | ……… | 124 |

第三十五条　【资金投入法律责任】…………… 126
第三十六条　【机构（人员）配备法律
　　　　　　　责任】………………………… 128
第三十七条　【注册安全工程师配备法律
　　　　　　　责任】………………………… 130
第三十八条　【安全管理人员法律责任】……… 131
第三十九条　【安全教育培训法律责任】……… 132
第 四 十 条　【教育培训档案法律责任】……… 133
第四十一条　【特种作业法律责任】…………… 134
第四十二条　【场所和设备设施安全条件法律
　　　　　　　责任】………………………… 136
第四十三条　【安全防护装置法律责任】……… 138
第四十四条　【安全警示标志法律责任】……… 139
第四十五条　【安全告知法律责任】…………… 141
第四十六条　【危险作业法律责任】…………… 142
第四十七条　【安全协议法律责任】…………… 144
第四十八条　【劳动防护用品法律责任】……… 145
第四十九条　【停止作业规定】………………… 147
第 五 十 条　【约谈和教育培训规定】………… 148
第五十一条　【信用信息惩戒规定】…………… 150
第五十二条　【加处罚款规定】………………… 151
第五十三条　【失信被执行人规定】…………… 152

第五部分　附　　则 …… 154
　　第五十四条　【小微企业划型规定】 …… 154
　　第五十五条　【生效时间】 …… 157

附　录

北京市人民政府令（第285号） …… 159
北京市生产经营单位安全生产主体责任规定 …… 160

前　言

《北京市生产经营单位安全生产主体责任规定》（以下简称《规定》）已经北京市人民政府第32次常务会议于2019年4月16日审议通过，2019年5月30日北京市人民政府令第285号公布，2019年7月15日起施行。该规定的颁布实施，对于严格落实生产经营单位安全生产主体责任，不断提高生产经营单位安全生产管理水平，保障首都城市运行安全具有重要的现实意义。

《规定》坚持以全面落实生产经营单位安全生产主体责任为核心，突出指导性、实用性和可操作性，统筹考虑权利与义务相统一，兼顾惩处与激励相融合，努力构建适用、实用、好用的安全生产主体责任体系，为首都安全生产工作提供坚实法制保障。

一是坚持依法立法原则。按照法定权限，遵守法定程序，坚持法制统一，在与《中华人民共和国安全生产法》（以下简称《安全生产法》）《北京市安全生产条例》等法律法规上位法不抵触的前提下，结合本市实际设定有关制度措施，并与本市其他法规规章有机衔接。

二是坚持问题导向原则。突出重点，增强针对性，着力解决生产经营单位安全生产主体责任不落实的突出矛盾和事故调查反映出的安全生产重点难点问题。

三是坚持权利义务相统一原则。处理好法定责任义务与生产经营单位经营自主权的关系，不干预生产经营单位依法自主决策的事项。处理好法定责任义务与一般性管理要求的关系，不将行政管理过程能解决的问题纳入生产经营单位主体责任范畴。

四是坚持科学立法原则。考虑到规模以上企业和小微型生产经营单位的实际情况，科学、合理设置有关条文，力求符合本市实际情况，提高规章执行力。

《规定》对生产经营单位安全生产主体责任落实各环节存在的问题和需要立法解决的矛盾进行了全面梳理，找准了薄弱环节，具有以下鲜明特点：

一是创新了清单式立法模式。将相关法律、法规、规章和中央政策文件中对生产经营单位安全生产主体责任的要求，进行系统化集成、清单式列举，让生产经营单位能在一个政府规章中直观清晰地了解安全生产主体责任落实"该干什么、该怎么干、该干到什么程度"。

二是构建了安全生产主体责任体系。将各项生产经营单位安全生产主体责任要求进行逻辑归类，构建了"1+8"的主体责任体系，覆盖了生产经营单位安全生产工作的全过程和各环节。即明确主体责任内涵，构建安全生产组织机构、规章制度、资金保障、教育培训、场所和设备设施安全管理、日常管理、风险管控和应急救援、法律责任8个方面的安全生产主体责任体系，进一步健全企业自我约束、持续改进的安全生产内生机制。

三是实行了差别化监管制度设计。根据不同行业类型生产经营单位的安全风险和不同体量规模生产经营单位的执行成本，在主体责任的若干具体落实事项上对不同行业、不同规模的生产经营单位进行了差别化分类监管制度设计。在安全管理机构设置和人员配备、应急组织和装备以及安全生产费用提取、安全生产责任保险等方面对高危与非高危生产经营单位作出了差别化规定。在隐患排查治理、应急救援预案和安全生产教育培训档案等方面对小微生产经营单位作出了特殊规定。

四是开展了地方特色创新立法。针对近年来本市城乡结合部违法建设、"三合一""多合一"场所较大以上事故多发的情况，对生产经营单位生产经营的场所、设备设施安全专门作出了禁止性规定。针对危险作业事故总量居高不下的情况，对有限空间作业、动火作业、高处作业、带电作业等较大危险性的作业设定了作业审批、安全交底、专人监护等安全要求。

为了深入学习、宣传和正确贯彻实施《规定》，指导本市生产经营单位和从事安全生产监督管理等活动的单位和个人正确把握《规定》立法原意、准确理解《规定》的主要内容和精神实质，保证政府规章的顺利实施，北京市应急管理局、北京市司法局成立了编委会，共同编写了《〈北京市生产经营单位安全生产主体责任规定〉释义》一书，对政府规章的条文含义、有关概念以及学习理解和贯彻执行中的有关问题作了详尽解读和深入阐述。本书由北京市应急管理局张树森、北京市司法局李富莹担任编委会主任，北京市应急管理局唐明明、卞杰成、谢清顺和北京市司法局郭卫担任编委会副主任，北京市应急管理局曹柏成、靳玉光和北京市司法局王鸿剑担任编委会委员，北京市应急管理局王洪志、何明明、戴贺霞、张聪和北京市司法局吴晓云负责编写。在对相关概念和立法原意的理解上，编委会借鉴了《中华人民共和国安全生产法释义》和《北京市安全生产条例释义》的相关阐述。在编写的过程中，我们力求准确反映立法宗旨，阐释条文内容和立法原意。但因时间和水平有限，书中难免有不足之处，恳请读者批评指正。

编　者

2019 年 7 月

第一部分 总 则

《北京市生产经营单位安全生产主体责任规定》经北京市人民政府第32次常务会议审议通过,于2019年7月15日起施行。规章全文不分章节,共55条。本释义拟将规章拆分为总则、主体责任、监督管理、法律责任、附则五个部分逐条进行详细阐述。本部分共涉及3个条文,主要对本规定的立法目的、上位法依据、适用范围和生产经营单位安全生产主体责任的基本内涵作出规定。

第一条 立法目的

为落实生产经营单位安全生产主体责任,根据《中华人民共和国安全生产法》等法律、法规,结合本市实际情况,制定本规定。

☛ 条文主旨

本条是关于立法目的和上位法依据的规定。

● 条文解读

制定本规定的目的是落实生产经营单位的安全生产主体责任，预防和减少生产安全事故，保障人民生命和财产安全。制定本规定的上位法依据是《安全生产法》和《北京市安全生产条例》，并参考了原国家安全生产监督管理总局的有关规章。

一、本规定的立法目的

（一）细化上位法原则性规定，健全完善生产经营单位安全生产主体责任体系。对生产经营单位落实安全生产主体责任的内容、形式、要求作出全面、明确、细致的规定，让生产经营单位全面了解落实安全生产主体责任"干什么、怎么干、干到什么程度"。指导生产经营单位系统地了解安全生产主体责任，更好地落实安全生产主体责任。

（二）落实"管业务必须管安全"，提升生产经营单位自我管理和风险防控能力。落实生产经营单位安全生产主体责任，需要与时俱进，善于凝聚生产经营单位内部最广泛力量，激发各安全生产参与要素的内在活力，为生产经营单位安全生产工作注入新动力。严密"管业务必须管安全"的制度设计，进一步细化安全生产责任制的具体要求，明确生产经营单位分管负责人的安全生产职责，细化安全管理人员配备数量和专业素质要求，改善生产经营单位安全管理人员权责利不平衡的现状。

（三）推进城市安全发展，解决生产经营活动中的新情况、新问题。针对现代生产经营单位组织形式日益多样，股权结构日益复杂导致的生产经营单位的安全生产主体责任落实存在多样性选择等新情况、新问题，明确具体可操作的指向性规定，真正触及到生产经营单位的核心利益。

二、本规定的法律法规和政策文件依据

《安全生产法》《北京市安全生产条例》《危险化学品安全管理条例》《标准化法》等法律法规，为本市制定地方政府规章提供了直接的立法依据。本规定在起草过程中，对上位法已有规定的，进行了细化；对上位法没有规定的，结合本市实际，作了必要的补充和完善。

《中共中央、国务院关于推进安全生产领域改革发展的意见》《中共北京市委、北京市人民政府印发〈关于进一步推进安全生产领域改革发展的实施方案〉的通知》为制定本规定提供了政策支撑。

《北京市生产安全事故隐患排查治理办法》《北京市商业零售经营单位安全生产规定》《北京市餐饮经营单位安全生产规定》《北京市文化娱乐场所经营单位安全生产规定》《北京市星级饭店安全生产规定》《北京市体育运动项目经营单位安全生产规定》等本市地方政府规章与本规定是有机衔接的整体,共同构成本市安全生产地方政府规章体系。

原国家安全生产监督管理总局部门规章《生产经营单位安全培训规定》《特种作业人员安全技术培训考核管理规定》《生产安全事故应急预案管理办法》等,与本市地方政府规章处于同一法律位阶,是制定本规定的参考。

第二条 适用范围

本市行政区域内的生产经营单位应当依照本规定履行安全生产主体责任。

☛ **条文主旨**

本条是关于本规定适用范围的规定。

► 条文解读

本条规定了本规定在法律效力层面所及的范围，包括地域适用范围、主体适用范围和行为适用范围。

一、地域适用范围

本规定适用于本市行政区域内生产经营单位履行安全生产主体责任。凡在本市行政区域内从事生产经营活动的主体，不论其在本市注册登记还是外埠注册登记，只要在本市从事生产经营活动，其履行安全生产主体责任，均应适用本规定。

二、主体适用范围

原则上本市行政区域内所有行业领域生产经营单位履行安全生产主体责任适用本规定。

同时，本规定的主体适用范围应当结合《安全生产法》第二条"在中华人民共和国领域内从事生产经营活动的单位（以下统称生产经营单位）的安全生产，适用本法；有关法律、行政法规对消防安全和道路交通安全、铁路交通安全、水上交通安全、民用航空安全以及核与辐射安全、特种设备安全另有规定的，适用其规定"的要求，作如下理解：

考虑到有一部分从事生产经营活动的单位或者某些安全事项具有特殊性，对其单独立法进行规范是有必要的。目前，已经有一些专门法律和行政法规对特殊的生产经营活动及特殊的安全事项作出规定。如消防安全就属于特殊的安全事项，对于消防安全问题已有消防法调整；道路、铁路、水运、空运等交通运输的安全问题，属于特殊的生产经营活动，其生产经营单位也比较特殊，从事的生产经营活动与一般生产经营单位的生产经营活动在固定场所进行相比有所不同，其生产经营活动是在移动中进行的，已有道路交通安全法、海上交通安全法、铁路法、民用航空法等法律专门调整。2013年出台的《特种设备安全法》，属于对特殊的生产经营活动的规范；还有一些行政法规包括《民用核安全设备监督管理条例》《放射性同位素与射线装置安全和防护条例》，对核与辐射安全也作了专门规定。因此，对这些领域的安全问题，应当适用相关法律和行政法规的规定。也就是说，在这些领域中的安全事务由有关的法律、行政法规进行调整，执行有关法律、行政法规中已作出的规定。对于一些安全生产方面的问题，上述法律、行政法规中未作规定的，仍然要适用本法的规定。

三、对象适用范围

本规定的调整对象是在本市行政区域内从事生产经营活动的生产经营单位,是指一切从事生产经营活动的企业、个体经济组织及其他组织。

无论生产经营单位的经济性质如何、规模大小,只要从事生产经营活动,都属于本规定的调整范围。从所有制形式上看,包括各种所有制形式的单位,如国有、集体、混合经济、私营、中外合资、外商独资等;从行业所属上看,有工业、建筑业、农业、商业、服务业等有组织地从事生产经营活动的单位;从活动领域上看,包括加工、生产、经营、储存、运输以及其他领域和环节提供服务的单位。

第三条 主体责任内涵

生产经营单位是安全生产的责任主体,应当遵守有关安全生产的法律、法规、规章和标准,建立、健全安全生产责任制和安全生产规章制度,改善安全生产条件,推进安全生产标准化建设,加强安全生产管理,提高安全生产水平,并对未履行安全生产主体责任导致的后果负责。

◐ **条文主旨**

本条是关于生产经营单位安全生产主体责任的概述。

◐ **条文解读**

本条规定的立法逻辑有三个层次，首先是强调生产经营单位是安全生产的责任主体；其次强调生产经营单位应当履行相关法律、法规、规章规定的安全生产责任和国家标准、行业标准确定的强制性安全生产技术要求；最后强调的是生产经营单位要对未履行安全生产主体责任导致的后果承担责任。

一、生产经营单位履行安全生产主体责任的必要性

生产经营单位是生产经营活动的行为主体，在安全生产工作中居于关键地位，承担安全生产的主体责任。生产经营单位既是社会经济活动中的建设者又是受益者，是安全生产中不容置疑的责任主体，在社会生产中负有不可推卸的社会责任。生产经营单位必须认识到全面履行安全生产主体责任，实现安全生产，是新时代安全发展理念的内在要求，是生产经营单位生存与发展的必然选择，是生产经营单位追求利益最大化的最终目的，是

实现物质利益和社会效益的最佳结合。

二、主体责任的一般性要求

1. 生产经营单位必须遵守法律、法规、规章和标准规定的义务。

按照本条规定,生产经营单位要根据本单位生产经营活动的特点进行安全生产管理,必须遵守本规定和其他有关安全生产的法律、法规、规章、标准。对于生产经营单位而言,法律、法规或者规章对安全生产有规定的,要依照执行法律、法规或者规章的规定;对国家标准、行业标准确定的强制性安全生产技术要求也应当执行。

2. 加强安全生产管理,改善安全生产条件,推进安全生产标准化。

生产经营单位要想落实好安全生产主体责任,必须要从"硬件"和"软件"两个方面做好工作。

"硬件"主要指安全生产条件,即生产经营单位在安全生产中的设施、设备、场所、环境等方面的条件,如:生产经营场所、安全距离、安全设备设施等。生产经营单位从事生产经营活动的前提,是必须达到相关行业规范和国家标准中规定的基本安全技术条件;达不到规定的安全生产条件的，不得从事相关的生产经营活动。

"软件"方面主要是加强内部安全生产管理。首先要建立、健全安全生产责任制和相关安全生产规章制度。安全生产责任制是安全生产管理制度的核心，现代企业的生产经营活动往往需要多个部门和人员分工协作才能完成，这就要求明确各个部门和人员的职责范围和边界，避免出现职责不清、相互推诿，甚至责任真空的情况。建立安全生产责任制之后，生产经营单位还需要建立健全各类安全生产规章制度，主要包括操作规程、工作程序、行为准则等，以此来增加生产经营活动的规范性和有序性，避免或减少各种生产安全事故。

安全生产标准化建设是加强安全生产管理工作的重要抓手。安全生产标准化坚持规范化、科学化、系统化、法制化的理念，强化风险管理和过程控制，注重绩效管理和持续改进，是现代安全管理的发展方向。安全生产标准化要避免陷入形式主义、痕迹主义的误区，不能只是写在纸上、挂在墙上，一定要落实到生产经营实践中。只有这样，才能切实履行安全生产主体责任。

3. 持续改进，不断提高安全生产水平。

生产经营单位履行法定职责和义务只是完成了基本

要求，还应当注意根据自身情况持续改进，不断改善安全生产条件，健全管理制度，提高安全生产水平，尽可能把风险控制在最低程度。

三、承担未履行主体责任的不利后果

生产经营单位要对未履行主体责任导致的后果承担责任。相关法律、法规、规章以及本规定设立的主体责任要求，是生产经营单位必须履行的法定义务，如不履行，应为其行为产生的后果负责，这里所说的责任主要包括行政责任和刑事责任。负有安全生产监督管理职责的部门可以依法对生产经营单位进行行政处罚。对于触犯刑事法律规定的，依法追究刑事责任。

第二部分　生产经营单位安全生产主体责任

本部分共涉及28个条文,将相关法律、法规、规章和中央政策文件中对生产经营单位安全生产主体责任的要求,进行了系统化集成、清单式列举,主要包括组织机构责任、规章制度责任、资金保障责任、教育培训责任、场所和设备设施安全管理责任、日常管理责任、风险管控和应急救援责任。

第四条　主要负责人责任

生产经营单位的主要负责人对本单位的安全生产工作全面负责,履行下列职责:

(一) 建立、健全并督促落实安全生产责任制;

(二) 组织制定并督促落实安全生产规章制度和操作规程;

(三) 组织制定并实施安全生产教育和培训

计划；

（四）保证安全生产投入的有效实施；

（五）每季度至少研究一次安全生产工作；

（六）督促检查安全生产工作，及时消除生产安全事故隐患；

（七）每年向职工代表大会或者职工大会报告安全生产工作情况；依法不需要建立职工代表大会或者职工大会的小型或者微型企业等规模较小的生产经营单位，应当每年向从业人员通报安全生产工作情况；

（八）组织制定并实施生产安全事故应急救援预案；

（九）及时、如实报告生产安全事故。

● **条文主旨**

本条是关于生产经营单位主要负责人安全生产职责的概述和规模较小生产经营单位的特殊规定。制定本条的目的是为了进一步细化明确生产经营单位主要负责人的安全生产管理职责，提高主要负责人对安全生产工作的重视程度。

▶ 条文解读

本条在《安全生产法》第十八条规定的主要负责人7项职责和《北京市安全生产条例》第十六条规定的主要负责人8项职责的基础上,增加了1项职责:每季度至少研究一次安全生产工作。

一、关于生产经营单位的主要负责人

生产经营单位的主要负责人一般是指在生产经营单位中起决策作用的领导人。对企业而言,不同组织形式的企业有所不同,具体要根据实际情况来确定:

1. 对于公司制的企业,按照《公司法》的规定,有限责任公司(包括国有独资公司)和股份有限公司的董事长是公司的法定代表人,经理负责"主持公司的生产经营管理工作"。因此,有限责任公司和股份有限公司的主要负责人应当是公司董事长和经理(总经理、首席执行官或其他实际履行经理职责的企业负责人)。

2. 对于非公司制的企业,主要负责人为企业的厂长、经理、矿长等企业行政"一把手"。如《全民所有制工业企业法》规定,企业实行厂长(经理)负责制,厂长是企业的法定代表人,对企业负有全面责任。对于

个人独资企业，投资人可以自行管理企业事务，也可以委托或聘用其他具有民事行为能力的人负责企业的事务管理。因此，对于个人独资企业而言，企业投资人是该生产经营单位的主要负责人。对于个体工商户而言，营业执照的照主是该生产经营单位的主要负责人。

二、赋予主要负责人安全生产职责的意义

生产经营单位的主要负责人对落实安全生产主体责任至关重要，因为主要负责人是一个单位价值观和文化的主要塑造者，对于单位的战略方向和人员行为模式具有决定性影响，而且主要负责人往往面临着生产、市场竞争、绩效考核等方面的压力，经常要面临在保证生产进度和保障安全方面进行选择，而主要负责人的选择也会通过决策传递给整个组织，从而影响到所有员工的行为。生产经营单位的主要负责人对本单位安全生产工作全面负责。事故统计表明，很多事故的发生，与生产经营单位的主要负责人不履行安全管理职责，管理不严，责任不清，重生产、轻安全等有直接的关系。所以从安全管理角度来说，落实主要负责人的安全生产职责至关重要。

三、细化了《北京市安全生产条例》相关规定

1. 建立、健全并督促落实安全生产责任制

建立、健全安全生产责任制是要求生产经营单位的主要负责人在本单位的领导层、承担管理工作的有关职能部门以及从业人员之间,建立一种分工明确、运行有效、责任落实,能够充分发挥作用的安全生产责任制度,把安全生产工作落到实处。贯彻落实安全生产责任制,主要负责人必须带头,自觉执行,并经常或定期检查安全生产责任制的执行情况,奖优罚劣,提高本单位全体从业人员执行安全生产责任制的自觉性。

2. 组织制定并督促落实安全生产规章制度和操作规程

安全生产规章制度和操作规程是生产经营单位应当具备的安全生产条件之一。事实上,很多生产经营单位都有相应的安全生产规章制度和操作规程,但仍有事故发生,其重要原因之一就是安全生产规章制度和操作规程没有得到落实和遵守。因此,生产经营单位的主要负责人,不仅要组织制定本单位的安全生产规章制度和操作规程,更要督促落实,使生产经营的各个环节都能够按照规章制度和操作规程进行。

3. 组织制定并实施安全生产教育和培训计划

生产经营单位的安全生产教育和培训计划是根据本单位安全生产状况、岗位特点、人员结构组成，有针对性地规定单位负责人、职能部门负责人、车间主任、班组长、安全生产管理人员、特种作业人员以及其他从业人员的安全生产教育和培训的统筹安排，包括经费保障、教育培训内容以及组织实施措施等内容。安全生产教育和培训计划是具体落实从业人员教育和培训任务，保证教育和培训质量，提高从业人员安全素质和安全操作技能的重要保障。实践中，安排人员参加安全生产教育和培训往往最难处理和协调，安全生产管理机构要求培训，人事培训部门想组织培训，但业务主管部门担心影响正常生产经营业务活动不愿意培训。因此，主要负责人有职责义务，组织有关人事培训、财务劳资、安全管理、业务主管等部门认真制订好本单位的安全生产教育和培训计划，并保障计划的落实。

4. 保证安全生产投入的有效实施

生产经营单位为了具备法律、行政法规以及国家标准或行业标准规定的安全生产条件，需要一定的资金投入，用于安全设施设备建设、安全防护用品配备等。安全生产投入是保障生产经营单位具备安全生产条件的必要物质基础。从大量生产安全事故的分析表明，安全生产投入不足是导致事故发生的重要原因之一。生产经营单位的主要负责人往往更重视经济效益，认为安全生产投入会影响经济效益，或者存在侥幸心理，不想或不愿在安全方面过多投入。因此，本规定明确要求生产经营单位的主要负责人应当保证本单位安全生产方面投入的有效实施，并保证这项投入真正用于本单位的安全生产工作。

5. 每季度至少研究一次安全生产工作

主要负责人组织研究本单位安全生产工作，是重视安全生产工作的重要体现，也是生产经营单位的安全管理者直接向主要负责人汇报安全管理情况和重大安全生产问题的有效途径。因此，要求生产经营单位主要负责人每季度研究一次安全生产工作是合理可行的。

6. 督促检查安全生产工作，及时消除生产安全事故隐患

所谓"事故隐患"是指生产经营单位在生产设施、设备以及安全管理制度等方面存在的可能引发事故的各种自然或者人为因素，包括物的不安全状态、人的不安

全行为以及管理上的缺陷等。隐患是导致事故的根源，隐患不除，事故难断。生产经营单位的主要负责人应当经常性地对本单位的安全生产工作进行督促、检查，对检查中发现的问题及时解决，对存在的生产安全事故隐患及时予以排除。

7. 每年向职工代表大会或者职工大会报告安全生产工作情况

依法不需要建立职工代表大会或者职工大会的小型或者微型企业等规模较小的生产经营单位，应当每年向从业人员通报安全生产工作情况。本项要求一是可以督促生产经营单位每年总结本单位安全生产工作情况，保证主要负责人了解本单位的安全生产工作情况；二是可以使从业人员了解本单位安全生产工作基本情况，保障从业人员的安全生产知情权；三是可以促使从业人员对本单位安全生产工作进行监督，保障从业人员的安全生产检举权和建议权。

8. 组织制定并实施生产安全事故应急救援预案

生产安全事故应急救援工作涉及生产经营单位的各个部门，需要调动生产经营单位的人、财、物，必要时还需要社会有关部门的参与。因此，需要生产经营单位主要负责人组织并实施。

9. 及时、如实报告生产安全事故

保护职工的生命财产安全是生产经营单位的义务，也是各级人民政府的职责。生产经营单位发生生产安全事故必须按照有关规定及时、如实报告，以便政府掌握有关情况，采取相应措施，控制事故发展，减少人员伤亡，也为政府有关部门进行事故调查，履行监督管理职责创造条件。

第五条 其他负责人及安全总监责任

生产经营单位分管安全生产工作的负责人或者安全总监协助主要负责人履行安全生产职责，其他分管负责人对分管业务范围内的安全生产工作负责。

安全总监的具体办法，由市应急管理部门会同国有资产管理部门和有关行业管理部门制定。

◼ 条文主旨

本条是关于生产经营单位除主要负责人以外的其他负责人安全生产职责和设立安全总监的规定。

● 条文解读

按照"管业务必须管安全"要求，除主要负责人以外的其他分管负责人，对分管业务范围内的安全生产工作负责。分管安全生产工作的负责人或者安全总监的职责定位在于协助主要负责人履行安全生产职责。授权市应急管理部门会同国有资产管理部门和有关行业管理部门制定安全总监的具体办法。

一、关于管业务必须管安全

安全生产工作是生产经营单位经营管理工作的重要内容，涉及生产经营活动的各个方面、各个环节、各个岗位。人人有责、各负其责，这是做好安全生产工作的重要基础。生产经营单位的负责人中，主要负责人要对安全生产负总责，其他负责人也必须落实安全生产"一岗双责"，既要对具体分管的业务工作负责，也要对分管领域内的安全生产工作负责，始终做到把安全生产与其他业务工作同研究、同部署、同督促、同检查、同考核、同问责，真正做到"两手抓、两手硬"。

二、关于安全总监制度

（一）安全总监制度的必要性

为强化企业安全生产主体责任，按照企业安全生产工作"有人管、有专人管、有专业水平的人管"的标准，提高安全管理人员在企业的"话语权"，有必要通过法律、法规、规章赋予生产经营单位内部安全管理相关负责人员更大的权力来履行职责。设立安全总监就是这样一种制度安排，有利于完善生产经营单位的安全管理体系，更好地落实生产经营单位安全生产主体责任。

设置"安全总监"作为企业安全生产工作的高级管理人员，是一项创新性的制度设计，在本市市属国有企业，尤其是建筑施工领域有着很好的实践基础，达到了很好的实际效果。

（二）安全总监制度的合法性

1. 符合本市政策要求。《中共北京市委、北京市人民政府关于进一步推进安全生产领域改革发展的实施方案》明确提出"在市属国有企业具有生产经营活动、规模以上的二级及以下生产经营单位，实行安全总监制度""在本市注册的建筑施工总承包特级和一级资质企业推进试行安全总监制度，在本市行政区域内施工的建筑面积

10 万平方米及以上的房屋建筑工程、合同价款 2 亿元及以上的市政基础设施工程（含轨道交通建设工程）和申报创建本市绿色安全工地的工程推进试行项目安全总监制度"。

2. 国内已有立法先例。《山东省安全生产条例》《山东省生产经营单位安全生产主体责任规定》《江苏省安全生产条例》《湖北省安全生产条例》等地方性法规和地方政府规章均有设置安全总监的条文，明确了设置安全总监的行业领域、任职条件等内容。

（三）安全总监的合理性

1. 本市已有一定的实践基础。2017 年 3 月，原市安全监管局与市国资委联合印发《关于在本市市属国有企业设立安全总监（试行）的意见》，在市属国有企业所属具有生产经营活动、规模以上的二级及以下单位设立安全总监。矿山、金属冶炼、建筑施工、道路运输单位和危险物品生产、经营、储存单位均应设立安全总监。2017 年 7 月，市住建委印发《关于进一步加强建筑施工企业安全生产主体责任的通知》要求，在本市行政区域内注册、取得建筑施工总承包特级和一级资质的企业，可单独设置企业安全总监岗位，不宜兼任。其下属的非法人施工单位，从业人员总数在 200 人以上的，也可参照设置安全总监岗位。

2. 国外有可借鉴的经验。一些国家采取立法形式强制要求设立安全总监。比如日本 1972 年《劳动安全健康法》在第三章对安全和健康管理机构和人员作出了规定，其中包括设立安全与健康总管（General Safety and Health Manager）。《劳动安全健康规则》第二条规定：林业、矿业、建筑业、陆路运输和保洁行业生产经营单位规模 100 人以上；制造业、电力、燃气、供热、供水、电信、批发零售等行业生产经营单位规模 300 人以上；其他行业生产经营单位规模 1000 人以上的必须设立安全与健康总管。

（四）本市安全总监配套政策

按照本规定要求，北京市应急管理局将会同北京市国有资产管理委员会、市政府有关行业主管部门研究制定关于推进本市生产经营单位设立安全总监的配套政策。

第六条 安全生产责任制

生产经营单位的安全生产责任制应当明确主要负责人、其他负责人、各职能部门负责人、车间和班组负责人、其他从业人员等全体人员的安全生产责任范围和考核标准等内容。

生产经营单位应当每年对安全生产责任制落实情况进行考核，考核结果作为安全生产奖励和惩罚的依据。

● 条文主旨

本条是关于生产经营单位安全生产责任制的规定。

● 条文解读

本条主要从对象、范围和考核标准等方面明确了生产经营单位安全生产责任制的内容要素，并从安全生产责任制的考核要求和考核结果运用两方面提出了要求。

安全生产责任制是通过明确生产经营单位内部各部门、岗位在工作过程中对安全生产必须履行的职责和必须承担的责任，从而保障安全生产工作得以有效落实的制度。安全生产责任制必须形成从层层分解的责任设定到检查落实的闭环体系，才能保证有效落实。生产经营单位的安全生产责任制应主要明确三个方面内容：责任人员、责任范围和考核标准。

一、建立全员安全生产责任制

全员安全生产责任制要求建立纵向和横向相结合的安全生产责任体系。纵向方面包括各级组织和人员的安全生产责任制，包括主要负责人、其他负责人、各职能部门负责人、车间和班组负责人、其他从业人员。横向方面是指各职能部门，包括安全管理、规划、人力资源、财务、生产、设备设施等部门的安全生产责任。为了深入贯彻《中共中央、国务院关于推进安全生产领域改革发展的意见》，2017年国务院安委会办公室印发了《关于全面加强企业全员安全生产责任制工作的通知》，要求企业按照《安全生产法》等法律法规规定，参照《企业安全生产标准化基本规范》等有关要求，结合企业自身实际，明确从主要负责人到一线从业人员（含劳务派遣人员、实习学生等）的安全生产责任、责任范围和考核标准。安全生产责任制应覆盖本企业所有组织和岗位。

安全生产责任制主要内容应当包括以下五个方面：一是生产经营单位的各级负责生产和经营的管理人员，在完成生产或者经营任务的同时，对保证生产安全负责。二是各职能部门的人员，对自己业务范围内有关的安全生产负责。三是班组长、特种作业人员对其岗位的安全生产工作负责。四是所有从业人员应在自己本职工作范围内安全作业。五是各类安全责任的考核标准以及奖惩措施。安全生产责任制应当内容全面、要求清晰、操作方便，各岗位的责任人员、责任范围及相关考核标准一目了然。

需要指出的是，安全生产责任制是保证安全生产责任落实的体制机制，并不等同于签订安全生产责任书，不能以签订安全生产责任书代替制定全员安全生产责任制。

二、安全生产责任制的落实

生产经营单位安全生产责任制的主要问题是流于形式、难以落实。主要表现在：一是制定的安全生产责任制不能真实、准确地反映相关岗位的安全生产责任，或者责任描述过于抽象、针对性不强；二是制定的安全生产责任制仅仅停留在文件里，不能落实到日常工作中，一些单位将建立安全生产责任制等同于签订安全生产责任书，形式主义严重。三是制定的安全生产责任制缺乏考核奖惩的闭环机制，不能起到约束和激励的作用。

（一）安全生产责任制考核。生产经营单位应当根据本单位实际，建立由本单位主要负责人牵头，安全生产管理机构负责，以及相关职能部门参与的安全生产责任制考核机制，协调处理安全生产责任制执行中的问题。主要负责人对安全生产责任落实情况全面负责，安全生产管理机构具体负责安全生产责任制的监督和考核工作，每年进行考核。生产经营单位可以专项考核安全生产责任制落实情况，也可以在年终一并考核。

（二）责任制考核结果运用。生产经营单位应当建立安全生产责任制监督、考核、奖惩的相关制度，明确安全生产管理机构和相关职能部门的职责。安全生产责任制考核结果应当作为生产经营单位的安全生产奖惩的重要依据。

第七条　安全生产规章制度

生产经营单位的主要负责人应当组织制定下列安全生产规章制度：

（一）安全生产教育和培训制度；

（二）安全生产检查制度；

（三）生产安全事故隐患排查和治理制度；

（四）具有较大危险因素的生产经营场所、设备和设施的安全管理制度；

（五）安全生产资金投入或者安全生产费用提取、使用和管理制度；

（六）危险作业管理制度；

（七）特种作业人员管理制度；

（八）劳动防护用品配备和使用制度；

（九）安全生产奖励和惩罚制度；

（十）生产安全事故报告和调查处理制度；

（十一）法律、法规、规章规定的其他安全生产制度。

● 条文主旨

本条是对生产经营单位安全生产规章制度作出的列举性规定。

● 条文解读

本条明确组织制定本单位安全生产规章制度的责任主体是主要负责人，具体列举了生产经营单位应当制定十项安全生产规章制度。与《北京市安全生产条例》第十八条相比较，增加了第五项内容。

一、关于安全生产基本的规章制度

不同行业、不同类型的生产经营单位，其安全生产规章制度的种类和内容也不尽相同。本条列举的安全生产规章制度是生产经营单位安全生产管理工作最基本的制度，不同行业、不同类型的生产经营单位还应根据其生产经营活动的特点、生产经营范围、危险程度、工作性质及具体工作内容的不同，根据国家有关法律、法规、规章和标准，有针对性地制定其他相应的、具有可操作性的安全生产规章制度。安全生产规章制度越健全、越周密、越具体，越能在保障安全生产方面发挥作用。

二、关于安全生产资金投入或者安全生产费用提取、使用和管理制度

党中央、国务院历来高度重视安全生产工作，强调加强政策引导，加大安全投入保障，推动企业建立安全生产投入长效机制。2004年以来，原国家安全监管总局积极贯彻落实党中央、国务院精神，会同财政部、国家发展改革委等相关部门相继出台了煤矿、非煤矿山、危险化学品、烟花爆竹、道路交通、建筑施工等高危行业（企业）安全生产费用提取使用政策，特别是《企业安全生产费用提取和使用管理办法》的实施，对推动企业

加大安全投入，改善企业安全生产条件，从根本上加强安全生产工作起到了切实的促进和保障作用。

2016年12月印发实施的《中共中央、国务院关于推进安全生产领域改革发展的意见》，对做好新时期安全生产经济政策研究工作、完善安全投入长效机制作出了全面部署，明确要求落实企业安全生产费用提取管理使用制度，建立企业增加安全投入的激励约束机制。

本条第五项要求生产经营单位应依法建立安全生产资金投入或者安全生产费用提取、管理和使用制度。安全生产的资金投入是保证生产经营单位具备安全生产条件的必要物质基础。现实中，很多生产经营单位往往认为安全生产投入增加成本、影响经济效益，从而导致安全生产方面资金投入不足，安全事故时有发生。保证必要的安全生产资金投入是生产经营单位主要负责人的职责之一。生产经营单位应当具备安全生产条件所必需的资金投入。煤炭生产、非煤矿山开采、建设工程施工、危险品生产与储存、交通运输、烟花爆竹生产、冶金、机械制造、武器装备研制生产与试验等生产经营单位应当按照国家有关规定提取和使用安全生产费用，专门用于改善安全生产条件。

第八条　安全操作规程

生产经营单位应当依照法律、法规、规章和国家标准、行业标准，结合工艺流程、技术设备特点以及原辅料危险性等情况，制定安全操作规程。

安全操作规程应当覆盖本单位生产经营活动的全过程。

安全操作规程应当明确安全操作要求、作业环境要求、作业防护要求、禁止事项、紧急情况现场处置措施等内容。

● 条文主旨

本条是关于生产经营单位安全操作规程的规定。

● 条文解读

安全操作规程是保证生产经营活动安全进行的重要制度保障，本条分别从制定要求、覆盖面和内容要素三个层面对安全操作规程进行了详细规定。

一、安全操作规程的重要性

安全操作规程是指在生产经营活动中为消除导致人身伤亡或者造成设备、财产破坏以及危害环境的因素而制定的具体技术要求和实施程序的统一规定。安全操作规程通过对各作业活动的特点和作业过程的危险性分析，能够从源头上控制人——机——环相关作业风险；通过为作业活动制定的严格程序和要求来实现现场作业活动的规范化和标准化，减少工作的随意性，从而有效防止违规操作造成的安全事故。安全操作规程是作业人员现场安全作业的行为准则，任何人必须严格遵守。只有这样才能有效地控制各类事故的发生，确保安全生产。但现实中，一些生产经营单位制定的操作规程不具体，不能对作业人员起到有效的规范和约束作用。为改变这一状况，生产经营单位要对每个生产作业岗位制定安全操作规程，规范作业人员的生产作业行为，提升安全生产管理水平。

鉴于安全操作规程的重要性，《安全生产法》明确规定了生产经营单位对于安全操作规程应承担的责任。第十八条第二款规定，组织制定本单位安全操作规程是主要负责人职责之一。第二十二条规定，生产经营单位的安全生产管理机构以及安全生产管理人员具有组织或者参与拟订本单位安全操作规程，以及制止和纠正违反操作规程行为的职责。第四十一条确定了生产经营单位具有教育和督促作业人员严格执行本单位的安全操作规程的义务。在此基础上，本规定对安全操作规程的制定程序、要求、具体内容和涵盖范围作出具体规定。

二、安全操作规程的制定要求

编制安全操作规程是一套标准化很强的工作，编制安全操作规程一般首先要以法律、法规、规章和国家标准、行业标准为依据，进行危险因素辨识，对操作过程中的主要危险源以及可能导致的风险进行辨识分析，并进行描述，作为编制作业程序和方法的主要依据。这一工作可以提示作业人员岗位存在的风险，以确保作业人员熟悉本岗位风险，树立风险意识，从而自觉执行岗位安全操作规程。根据危险因素辨识制定相应的作业要求、环境要求、防护要求和禁止事项。其次要遵循人—机—环系统工程理论原理，综合考虑工艺流程、技术设备特点以及原辅料的危险性等情况来制定安全操作规程。

三、安全操作规程的涵盖范围

本条规定安全操作规程应覆盖本单位生产经营全过程和全体作业人员。安全操作规程就是通过建立岗位的标准化操作流程，使之成为作业人员的自觉行为，进而从根本上减少不安全行为的发生。因此，安全操作规程应当覆盖本单位生产经营活动的全过程。

四、安全操作规程的基本内容

安全操作规程的基本内容,具体包括作业前、作业中和作业后的安全要求。比如,作业前的安全要求,通常包括开机、作业前对交接班记录和标识、设备设施和工具、安全装置、周边作业环境等进行隐患自查的要求,消除隐患或上报的要求和方法,开机前准备和开机的安全作业步骤和安全注意事项,需佩戴的防护用品准备等。作业中的安全要求,通常包括佩戴防护用品的要求、正常作业的安全操作注意事项、排除故障时应注意的安全事项、其他作业过程应注意的安全事项等,作业过程检查或巡查发现隐患的处置或上报要求等,作业过程禁止性事项等。作业后的安全要求,通常包括设备清扫保养过程应注意的安全事项、关闭电源和气源前应注意的安全事项、工作结束离开现场应进行的现场相关隐患检查和处置、交接班记录和标识的要求等。安全操作规程还要明确紧急情况以及相应的处置、报告和救护的方法、程序和要求。

第九条 资金投入

生产经营单位应当履行下列安全生产资金投入的责任：

（一）保证具备安全生产条件所必需的资金投入；

（二）安排用于配备劳动防护用品、进行安全生产教育和培训的经费；

（三）有关生产经营单位应当按照国家规定提取和使用安全生产费用，专门用于改善安全生产条件。

● 条文主旨

本条是关于生产经营单位安全生产资金投入责任的规定。

● 条文解读

本条归纳了生产经营单位安全生产资金投入的三项责任，分别从设备设施等硬件安全投入、从业人员安全投入和特定行业安全生产费用三个层面，界定了生产经营单位的安全生产资金投入责任。

一、保证具备安全生产条件所必需的资金投入

安全生产资金投入，是生产经营单位生产经营活动安全进行，防止和减少生产安全事故的重要保障。从事故分析看，很多事故发生的重要原因都是生产经营单位盲目追求一时的经济利益，安全生产资金投入不足，甚至不投入，致使安全设施、设备陈旧老化，甚至带病运转，不具备基本的安全生产条件。因此，生产经营单位必须要有用于安全设施的建设、安全设备的购置、为从业人员配备劳动防护用品、对安全设备进行检测、维护、保养等所必需的资金投入，这是最低的、最基本的资金投入要求。

二、安排用于配备劳动防护用品、进行安全生产教育和培训的经费

配备劳动防护用品、对从业人员进行安全生产教育和培训是保障生产经营单位安全生产的重要基础，是提高劳动者的安全意识和安全操作技能，改善劳动者劳动条件的重要保证。一方面，人的不安全行为和物的不安全状态，是导致生产安全事故发生的重要原因。其中，违章指挥、违章作业、违反劳动纪律、组织职工冒险作业等人的不安全行为，是导致生产安全事故发生的重要因素。因此，从预防生产安全事故角度出发，生产经营单位应当安排经费，加强从业人员安全生产教育和培训，切实提高从业人员的安全生产意识和操作技能。另一方面，劳动防护用品是保障从业人员安全健康的最后一道防线，对于保护从业人员在生产过程中免受事故伤害具有重要意义。因此，生产经营单位应当安排经费，专项用于配备劳动防护用品和进行安全生产培训，不得任意挪用。

三、提取和使用安全生产费用

《安全生产法》第二十条第二款规定，有关生产经营单位应当按照规定提取和使用安全生产费用，专门用于改善安全生产条件。安全生产费用在成本中据实列支。2012年2月24日，财政部、原国家安全生产监督管理总局联合发布《企业安全生产费用提取和使用管理办法》规定，直接从事煤炭生产、非煤矿山开采、建设工程施工、危险品生产与储存、交通运输、烟花爆竹生产、冶金、机械制造、武器装备研制生产与试验（含民用航空及核燃料）的企业，以及其他经济组织必须按照规定的标准提取安全生产费用，并专项用于规定的范围。该办法第七条明确规定，建设工程施工企业以建筑安装工程造价为计提依据。各建设工程类别安全费用提取标准如下：矿山工程为2.5%；房屋建筑工程、水利水电工程、电力工程、铁路工程、城市轨道交通工程为2.0%；市政公用工程、冶炼工程、机电安装工程、化工石油工程、港口与航道工程、公路工程、通信工程为1.5%。建设工程施工企业提取的安全费用列入工程造价，在竞标时，不得删减，列入标外管理。国家对基本建设投资概算另有规定的，从其规定。总包单位应当将安全费用按比例直接支付分包单位并监督使用，分包单位不再重复提取。该办法第九条明确规定，交通运输企业以上年度实际营业收入为计提依据，按照以下标准平均逐月提取：普通货运业务按照1%提取；客运业务、管道运输、危险品等特殊货运业务按照1.5%提取。

第十条　安全生产责任保险

本市按照国家规定建立安全生产责任保险制度。矿山、金属冶炼、建筑施工、道路运输、危险物品、烟花爆竹、民用爆炸物品等生产经营单位，应当投保安全生产责任保险。鼓励其他生产经营单位投保安全生产责任保险。

安全生产责任保险的具体办法，由市应急管理部门会同有关部门制定。

● 条文主旨

本条是关于安全生产责任保险的规定。

● 条文解读

本条仍属于生产经营单位安全生产资金投入责任的一部分。规定矿山、金属冶炼、建筑施工、道路运输、危险物品、烟花爆竹、民用爆炸物品等特定的高危行业生产经营单位，应当投保安全生产责任保险；并授权市应急管理部门会同有关部门制定安全生产责任保险的具体办法。

《中共中央、国务院关于推进安全生产领域改革发展的意见》明确要求：发挥市场机制推动作用。取消安全生产风险抵押金制度，建立健全安全生产责任保险制度，在矿山、危险化学品、烟花爆竹、交通运输、建筑施工、民用爆炸物品、金属冶炼、渔业生产等高危行业领域强制实施，切实发挥保险机构参与风险评估管控和事故预防功能。因此，本市建立安全生产责任保险制度，与中央政策要求保持了高度一致，具有合法性和可行性。

一、推进安全生产责任保险制度的必要性

《安全生产责任保险实施办法》由原国家安全监管总局、保监会、财政部于 2017 年 12 月 12 日印发，2018 年 1 月 1 日起施行。根据该办法规定，安全生产责任保险，是指保险机构对投保的生产经营单位发生的生产安全事故造成的人员伤亡和有关经济损失等予以赔偿，并且为投保的生产经营单位提供生产安全事故预防服务的商业保险。

在安全生产领域建立责任保险制度，充分发挥保险的经济补偿和社会管理功能，有利于预防和化解社会矛盾，分散生产经营单位事故风险，保障从业人员合法权益，减轻政府灾后救助负担，促进政府职能转变和社会稳定。通过安全生产责任保险制度设计，充分发挥第三方保险机构的社会管理功能。通过设计保费浮动机制，能够从经济利益上，增强生产经营单位改善安全生产条件的内在动力。通过引入保险机制，能够为生产安全事故发生后提供一条新的弥补损失的资金来源，有效减轻生产经营单位的经济负担。

（一）国外先进经验

西方国家普遍通过强制性保险的方式加强企业应对事故风险的能力。最典型的代表是德国，通过强制性工伤保险来进行事故赔偿、复原和预防工作，形成了独具特色的政府监管与行业工伤保险并行的"双轨制"模式。1884年德国《企业事故保险法》和1891年《帝国工伤管理条例》奠定了德国双轨制的基础，政府手段和市场机制互为补充。《企业事故保险法》建立了德国法定事故保险机构，即同一行业中企业联盟成立同业工伤事故保险联合会。其主要任务有三项：赔偿、复原和预防。对因工伤事故、职业病所造成的身体伤害或死亡人员进行经济损失赔偿；提供复原所需的医疗和非医疗服务；拿出25%左右的费用用于到企业进行检查、培训等预防性工作。这些措施使得德国工伤事故保险机构成为政府监管力量的有效补充。

（二）地方立法借鉴经验

目前全国很多省、自治区、直辖市的安全生产条例都规定了在特定高危行业强制推行安全生产责任保险制度，包括山东、河北、辽宁、福建、湖北、内蒙古、江西、安徽、贵州、云南、吉林等。如《河北省安全生产条例》第二十七条规定，本省推行安全生产责任保险制度。在矿山、金属冶炼、建筑施工、交通运输、危险化学品、烟花爆竹、民用爆炸物品、渔业生产等高危行业领域强制实施投保安全生产责任险。

二、安全生产责任保险与工伤保险的关系及处理方式

保险标的不同，工伤保险的标的是生命和人身，安全生产责任保险是生产经营单位经济赔偿责任。受益个体不同，工伤保险只针对于生产经营单位有劳动关系的劳动者。安全生产责任保险包括的范围更广泛，不仅包括生产经营单位雇员，还包括不具备正式劳动合同的工作人员，比如临时工、实习生以及社会公众等。

保险赔偿的条件不同，工伤保险需要三个前提条件：存在劳动关系、获得有关部门进行工伤认定、必须发生伤亡事故。安全生产责任保险赔付的前提条件是生产经营单位因发生生产安全事故或相关事故导致人员伤亡，依法应负经济赔偿责任。

保障范围和额度不同。工伤保险的保障范围主要是：一次性伤亡补偿金、抚恤费、医药费、停工费、护理费和供养亲属抚恤金等。保障额度以城镇或农村上年平均工资为依据,其中死亡补偿金为 48 个月至 60 个月的统筹地区上年度职工月平均工资。安全生产责任保险的保障范围是生产经营单位的从业人员和社会公众的人身伤亡赔偿,事故救抢险援费、医疗救护、事故鉴定、法律诉讼等费用。保障额度可以根据保险合同进行约定。

第十一条 安全管理机构(人员)

矿山、金属冶炼、建筑施工、道路运输、危险物品的生产经营单位,应当按照下列规定设置安全生产管理机构或者配备专职安全生产管理人员,但国家另有规定的除外:

(一)从业人员总数超过 100 人的,应当设置安全生产管理机构,按照不少于从业人员总数 1% 的比例配备专职安全生产管理人员,且最低不得少于 3 人;

(二)从业人员总数在 100 人以下的,应当配备专职安全生产管理人员。

◐ 条文主旨

本条是关于高危行业领域生产经营单位安全生产管

理机构（人员）配备的规定。

● **条文解读**

本条细化了《安全生产法》第二十一条第一款的规定，以从业人员 100 人为标准，对高危行业领域生产经营单位设置安全生产管理机构或配备专职安全生产管理人员细化了两档规定。

生产经营活动的安全开展，除了必要的物质保障和制度保障外，还要从人员上加以保障。因此，对于从事一些危险性比较大的行业的生产经营单位或者是从业人员较多的生产经营单位，应当有专门的人员从事安全生产管理工作，对生产经营单位的安全生产工作进行经常性检查，对检查中发现的安全生产问题及时处理，对事故隐患及时排除。

一、安全生产管理机构和专职安全管理人员的含义

安全生产管理机构，是指生产经营单位内部设立的专门负责安全生产管理事务的独立部门；专职安全生产管理人员，是指在生产经营单位中专门负责安全生产管理，不再兼任其他工作的人员。矿山、金属冶炼、建筑施工、道路运输、危险物品的生产经营是危险性比较大的生产经营活动，从事这些活动的生产经营单位必须在单位内成立专门的安全生产管理机构或者配备专职的安全生产管理人员。

二、国家另有规定的情形

本条排除的国家另有规定的情形。

1.《建设工程安全生产管理条例》第二十三条授权国务院建设行政主管部门会同国务院其他有关部门制定施工单位专职安全生产管理人员的配备办法。建筑施工行业的安全管理机构设置和专职安全管理人员配备适用住房和城乡建设部制定印发的《建筑施工企业安全生产管理机构设置及专职安全生产管理人员配备办法》。该办法规定："建筑施工企业安全生产管理机构专职安全生产管理人员的配备应满足下列要求，并应根据企业经营规模、设备管理和生产需要予以增加：（一）建筑施工总承包资质序列企业：特级资质不少于6人；一级资质不少于4人；二级和二级以下资质生产经营单位不少于3人。（二）建筑施工专业承包资质序列企业：一级资质不少于3人；二级和二级以下资质生产经营单位不少于2人。（三）建筑施工劳务分包资质序列企业：不少于2人。（四）建筑施工企业的分公司、区域公司等较大的分支机构（以下简称分支机构）应依据实际生产情况配备不少于2人的专职安全生产管理人员。总承包单位配备项目专职安全生产管理人员应当满足下列要求：（一）建筑工程、装修工程按照建筑面积配备：1、1万平方米以下的工程不少于1人；2、1万~5万平方米的工程不少于2人；3、5万平方米及以上的工程不少于3人，且按专业配备专职安全生产管理人员。（二）土木工程、线路管道、设备安装工程按照工程合同价配备：1、5000万元以下的工程不少于1人；2、5000万~1亿元的工程不少于2人；3、1亿元及以上的工程不少于3人，且按专业配备专职安全生产管理人员。分包单位配备项目专职安全生产管理人员应当满足下列要求：（一）专业承包单位应当配置至少1人，并根据所承担的分部分项工程的工程量和施工危险程度增加。（二）劳务分包单位施工人员在50人以下的，应当配备1名专职安全生产管理人员；50人~200人的，应当配备2名专职安全生产管理人员；200人及以上的，应当配备3名及以上专职安全生产管理人员，并根据所承担的分部分项工程施工危险实际情况增加，不得少于工程施工人员总人数的5‰。"

2. 道路旅客运输企业的安全管理机构设置和专职安

全管理人员配备适用交通运输部、公安部、应急管理部印发的《道路旅客运输企业安全管理规范》。该规范第七条规定："拥有20辆（含）以上客运车辆的客运企业应当设置安全生产管理机构，配备专职安全管理人员，并提供必要的工作条件。拥有20辆以下客运车辆的客运企业应当配备专职安全管理人员，并提供必要的工作条件。专职安全管理人员配备数量原则上按照以下标准确定：对于300辆（含）以下客运车辆的，按照每30辆车1人的标准配备，最低不少于1人；对于300辆以上客运车辆的，按照每增加100辆增加1人的标准配备。"另外，还要求设置车辆技术管理机构、配备专业车辆技术管理人员。第二十九条规定："拥有20辆（含）以上客运车辆的客运企业应当设置车辆技术管理机构，配备专业车辆技术管理人员，提供必要的工作条件。拥有20辆以下客运车辆的客运企业应当配备专业车辆技术管理人员，提供必要的工作条件。专业车辆技术管理人员原则上按照每50辆车1人的标准配备，最低不少于1人。"

三、机构设置和人员配备的具体要求

从业人员的总数在100人以下（含100人）的矿山、金属冶炼、建筑施工、道路运输、危险物品生产经营单

位,可以不设置安全管理机构,但应当配备专职安全生产管理人员。

从业人员的总数超过100人的矿山、金属冶炼、建筑施工、道路运输、危险物品的生产经营单位,应当设置安全生产管理机构,并按照从业人员总数1%的比例配备专职安全生产管理人员,且最低不少于3人。例如,从业人员总数超过100人的危险化学品生产企业,应设置安全生产管理机构;从业人员总数在101人至300人的危险化学品生产企业,至少配备3名专职安全生产管理人员;从业人员总数在300人以上的危险化学品生产企业,按照从业人员总数的1%的比例配备专职安全管理人员。

第十二条 安全管理机构(人员)

本规定第十一条规定以外的生产经营单位,应当按照下列规定设置安全生产管理机构或者配备安全生产管理人员:

(一)从业人员总数超过300人的,应当设置安全生产管理机构,按照不少于从业人员总数0.5%的比例配备专职安全生产管理人员,且最低不得少于

3人；

（二）从业人员总数超过100人且在300人以下的，应当配备不少于2人的专职安全生产管理人员；

（三）从业人员总数在100人以下的，应当配备专职或者兼职安全生产管理人员，或者委托依法设立的安全生产技术、管理服务机构提供安全生产管理服务。

● 条文主旨

本条是适用于除第十一条规定以外的其他生产经营单位安全生产管理机构（人员）配备的规定。

● 条文解读

本条细化了《安全生产法》第二十一条第二款的规定，以从业人员100人和300人为标准，对第十一条规定以外的其他生产经营单位设置安全生产管理机构或配备专职安全生产管理人员细化了三档规定。

本条关于安全生产管理机构和安全管理人员的含义，以及关于专职安全管理人员配备比例的计算要求，与第十一条相同。适用于第十一条规定以外的其他生产经营单位设置安全管理机构和配备安全管理人员。

一、安全管理机构设置和安全管理人员配备的具体要求

（一）从业人员总数100人是配备专职安全管理人员的分界点：从业人员总数在100人以下（含100人）的，生产经营单位可以选择配备专职或者兼职安全管理人员；从业人员总数超过100人的，必须配备专职安全管理人员。

（二）从业人员总数300人是设置安全管理机构的分界点：从业人员总数在300人以下（含300人）的，可以不设置安全管理机构；从业人员总数超过300人的，必须设置安全管理机构。

（三）具体计算方法：从业人员总数在100人以下（含100人）的，可以只配备兼职安全管理人员；从业人员总数在101人至300人的，至少配备2名专职安全生产管理人员；从业人员总数超过300人的，必须设置安全管理机构；从业人员总数在301人至600人的，至少配备3名专职安全生产管理人员；从业人员总数在601人至800人的，至少配备4名专职安全生产管理人员；其他按照不少于从业人员总数0.5%的比例依此类推计算即可。

二、关于委托提供安全管理服务

考虑到从业人员总数在100人以下的生产经营单位的安全生产工作实际情况，为了有效降低安全管理工作的执行成本，本条第三项规定了可以委托提供安全生产管理服务的情形。

在实际操作过程中，安全生产委托应当同时满足以下条件：一是生产经营单位不属于"矿山、金属冶炼、建筑施工、道路运输、危险物品的生产经营单位"；二是从业人员在100人以下（含100人）；三是提供安全生产管理服务的机构必须是依法设立的，相关资质和证照齐全。

需要注意的是：符合上述条件的生产经营单位委托第三方提供安全生产管理服务，虽然可以免除配备专职或者兼职安全生产管理人员的义务，但不免除生产经营单位保障安全生产的责任。一旦发生生产安全事故，生产经营单位、主要负责人、有关责任人仍然要承担相应的责任。

三、几点说明

本条所指专职安全管理人员配备比例，按照注册登记的最小生产经营单元分别计算。集团公司所属的每一级企业都应按照所属行业分别达到配备要求,集团公司总部应当设置安全管理机构并配备专职安全管理人员,指导协调下属公司开展安全生产工作,并在总体上达到本规定的配备要求。季节性用工和使用的劳务派遣人员,应当计入本单位从业人员总数。

第十三条 劳务派遣人员

生产经营单位使用被派遣劳动者的,应当将被派遣劳动者纳入本单位从业人员统一管理,被派遣劳动者的数量计入本单位从业人员总数。

● 条文主旨

本条是关于使用劳务派遣人员的规定。

● 条文解读

本条要求生产经营单位将被派遣劳动者视同为本单位从业人员,纳入统一教育培训和管理。要求生产经营单位要将被派遣劳动者计入本单位从业人员总数,进而准确配备安全管理人员数量。

一、加强劳务派遣人员管理的重要性

近年来,劳务派遣的用工形式受到很多生产经营单位的青睐。劳务派遣制度存在三方主体,即劳务派遣单位、被派遣劳动者和用工单位。劳务派遣单位是被派遣劳动者的用人单位,行使对劳动者的人事管理权,包括劳动者的录用、辞退、岗前培训、工资支付、社会保险费缴纳等方面的管理。劳务派遣单位与被派遣劳动者之间因签订劳动合同而存在劳动关系。用工单位是接受劳务派遣用工的单位。这种情况下,被派遣劳动者不是用工单位的正式从业人员,但实际被生产经营单位使用参与生产经营活动,这就容易产生劳务派遣单位和用工单位之间职责不明,互相推诿扯皮的问题,从而形成安全管理上的漏洞。一方面,劳务派遣单位并不充分了解生产经营单位生产经营活动中的风险情况,可能对劳动者岗前培训不充分。另一方面,生产经营单位也可能把劳务派遣人员与本单位从业人员区别对待,为了减少成本,对劳务派遣人员减少或不进行相应教育培训,致使劳务派遣人员不了解从事相关工作的危险因素、安全制度、操作规程和知识技能,极易导致事故发生。

二、劳务派遣人员管理要求

(一) 纳入本单位从业人员统一管理

《安全生产法》第二十五条第二款,要求生产经营单位将被派遣劳动者纳入本单位从业人员统一管理,对被派遣劳动者进行岗位安全操作规程和安全操作技能的教育和培训,同时也明确了劳务派遣单位应当对被派遣劳动者进行必要的安全生产教育和培训。同时《安全生产法》第五十八条也规定"被派遣劳动者享有本法规定的从业人员的权利,并应当履行本法规定的从业人员的义务"。因此,本条重申了《安全生产法》的原则,要求对被派遣劳动者与本单位从业人员统一管理、一视同仁,生产经营单位应当将被派遣劳动者统一纳入安全生产教育和培训计划,保证相同岗位、相同人员要达到同等水平。生产经营单位对本单位从业人员应依法履行的安全生产方面的义务也同样适用于被派遣劳动者。

(二) 将被派遣劳动者的数量计入本单位从业人员总数

从法律意义上讲,用工单位不是与劳务派遣人员具有劳动合同关系的用人单位。一些生产经营单位也经常以此为借口,将劳务派遣人员不计入本单位从业人员,达到规避有关法律法规要求的目的。因此,本条专门明确了应当将被派遣劳动者的数量计入本单位从业人员总数。生产经营单位在执行本规定第十一条和第十二条规定时,应按照计入被派遣劳动者的从业人员总数,确定是否应设置安全生产管理机构和人员以及应当配备安全生产管理人员的数量。

第十四条　注册安全工程师

矿山、金属冶炼、危险物品的生产经营单位配备的安全生产管理人员中,具有相应类别的注册安全工程师的数量,不得少于安全生产管理人员总数的15%,且最低不得少于1人。

鼓励其他生产经营单位聘用注册安全工程师从事安全生产管理工作。

● 条文主旨

本条是关于高危行业生产经营单位配备注册安全工程师的规定。

● 条文解读

本条细化了《安全生产法》第二十四条第三款规定,

明确了高危行业生产经营单位的安全生产管理人员中应当配备的注册安全工程师的数量要求。

一、注册安全工程师的重要性

注册安全工程师执业资格是证明安全生产管理人员素质的一种表现形式。长期以来，我国安全生产技术和管理人才严重匮乏的问题，是制约我国安全生产水平提高的深层次原因之一。2002年9月，原国家人事部、原国家安全监督管理总局联合发布《注册安全工程师执业资格制度暂行规定》和《注册安全工程师执业资格认定办法》，建立了注册安全工程师执业资格制度。注册安全工程师是指经全国统一考试合格，取得中华人民共和国注册安全工程师执业资格证书和执业证，在生产经营单位从事安全生产管理、技术工作或者在安全生产中介机构从事有关安全生产技术服务工作的人员。根据《注册安全工程师分类管理办法》，我国的注册安全工程师实施分类管理，专业类别划分为：煤矿安全、金属非金属矿山安全、化工安全、金属冶炼安全、建筑施工安全、道路运输安全、其他安全。注册安全工程师为我国的安全生产工作做出了巨大贡献，但是人数还远远不能满足市场需求和安全生产工作的需要。

对安全生产专业人员实行执业资格制度也是国际通行做法。很多发达国家已有上百年实施安全工程师执业资格制度的历史，并制定相应的法律法规分别实施注册安全师、职业医师等多种职业资格。比如德国、日本通过立法对聘用注册安全工程师作出强制性规定。德国1973年《职业医师和安全工程师法》规定，雇主必须综合考虑单位类型、风险、雇员数量、员工构成等因素，以书面形式任命职业医师或安全健康工程师，提供专业服务。虽然该法没有规定配备安全管理人员的具体数量，也没有规定必须是内部员工，但必须满足规定的专业服务工作时间的要求。日本《劳动安全健康规则》规定，对于从业人员达到一定数量的生产经营单位必须配备健康管理员和职业医师。这些国家的实践经验表明，充分发挥注册安全工程师的专业作用，能显著提高安全生产专业技术或管理人员的素质和技术水平，对安全生产具有非常积极的作用。

二、有关行业注册安全工程师配备的数量要求

《安全生产法》第二十四条第三款规定，危险物品的生产、储存单位以及矿山、金属冶炼单位应当有注册安全工程师从事安全生产管理工作。鼓励其他生产经营单位聘用注册安全工程师从事安全生产管理工作。原国家安全监督管理总局、人力资源和社会保障部印发了《注册安全工程师分类管理办法》，其中规定："危险物品的生产、储存单位以及矿山单位安全生产管理人员中的中级及以上注册安全工程师比例应自本办法施行之日起2年内，金属冶炼单位安全生产管理人员中的中级及以上注册安全工程师比例应自本办法施行之日起5年内达到15%左右并逐步提高"。因此，本规定要求矿山、金属冶炼、危险物品单位配备的注册安全工程师数量不得少于安全生产管理人员的15%，且不得少于1人。

第十五条 安全管理机构（人员）责任

生产经营单位的安全生产管理机构或者安全生产管理人员履行下列职责：

（一）组织或者参与拟订安全生产规章制度、操作规程和生产安全事故应急救援预案；

（二）组织或者参与安全生产教育和培训，如实记录安全生产教育和培训情况；

（三）督促落实重大危险源的安全管理措施；

（四）组织或者参与应急救援演练；

（五）检查安全生产状况，及时排查事故隐患，提出改进安全生产管理的建议；

（六）制止和纠正违章指挥、强令冒险作业、违反操作规程的行为；

（七）督促落实安全生产整改措施；

（八）督促本单位其他机构和人员履行安全生产职责，组织或者参与安全生产考核，提出奖惩意见；

（九）依法组织或者参与生产安全事故调查处理。

● 条文主旨

本条是关于生产经营单位安全生产管理机构或者安全生产管理人员职责的规定。

● 条文解读

本条对《安全生产法》第二十二条和《北京市安全生产条例》第二十七条的规定进行了细化完善，为安全生产管理机构和人员明确了督促履职、考核建议和事故调查处理的职权。

一、合理界定安全管理机构职责的必要性

安全生产管理机构作为本单位具体负责安全生产管理事务的部门，是贯彻落实有关安全生产方针、政策、法律、法规、标准以及规章制度等事项的具体执行者。从某种意义上讲，也是主要负责人在安全生产方面的重要助手。但在一些生产经营单位内部，存在安全生产管理机构职责边界不清、权责不对等等问题。为此，在本规定起草过程中，秉持"管业务必须管安全，管生产经营必须管安全"的原则，进一步细化了安全生产管理机构和安全管理人员的法定职权，让其更多地在生产经营单位内部承担起安全生产工作的"组织者""协调者""监督者"角色。

二、安全管理机构的定位

本条明确安全生产管理机构（人员）应当组织或者参与拟订安全生产规章制度、操作规程和生产安全事故应急救援预案，组织或者参与安全生产教育和培训，组织或者参与应急救援演练，检查安全生产状况，及时排查生产安全事故隐患等安全生产有关工作，但并不意味着安全生产管理机构（人员）对所有安全生产工作承担责任。安全生产管理机构和安全管理人员更多的是扮演

"组织者""协调者""监督者"的角色，起到统筹抓总、检查落实、汇总情况、提出建议的作用。如本条第三项规定"督促落实重大危险源的安全管理措施"，第七项规定"督促落实安全生产整改措施"，第八项规定"督促本单位其他机构和人员履行安全生产职责，组织或者参与安全生产考核，提出奖惩意见"。尤其是第八项规定，赋予了安全管理机构一项监督其他平行部门的职权性义务，并且提供了安全生产考核建议权的有力抓手，有利于安全管理部门工作的开展。

三、关于单位内部事故调查

《生产安全事故报告和调查处理条例》第十九条第三款规定，"未造成人员伤亡的一般事故，县级人民政府也可以委托事故发生单位组织事故调查组进行调查"。《北京市生产安全事故报告和调查处理办法》第九条第一款第三项规定，"一般事故中，直接经济损失100万元以上、造成人员死亡或者重伤的，由区（县）安全生产监督管理部门负责组织调查；直接经济损失100万元以下且未造成人员死亡或者重伤的，由事故发生单位或者其上级生产经营单位负责组织调查，其中，建设施工事故由建设工程总包单位或者其确定的单位组织调查"。可以看出，生产经营单位对本单位发生的直接经济损失100万元以下且未造成人员死亡或者重伤的生产安全事故，具有事故调查处理的权限。因此，本条第九项强调要"依法"组织或者参与本单位生产安全事故调查处理。

本规定授权安全管理机构依法组织或者参与本单位生产安全事故调查处理，一个重要目的是通过事故调查处理，在生产经营单位内部树立安全管理机构的权威地位，推动安全生产各项工作顺利开展。生产经营单位要对本单位发生的各类生产安全事故进行调查分析，针对存在的问题，制定整改措施，完善管理机制，认真汲取事故教训。

第十六条　安全生产知识和管理能力

生产经营单位的主要负责人和安全生产管理人员应当具备与所从事的生产经营活动相适应的安全生产知识和管理能力。

● 条文主旨

本条是关于主要负责人和安全生产管理人员安全生产知识和管理能力的规定。

● 条文解读

本条对主要负责人和安全生产管理人员提出了业务素质和管理能力两方面的原则性要求。

生产经营单位主要负责人必须具备与本单位所从事的生产经营活动相应的安全生产知识和管理能力。如何确定"相应的安全生产知识和管理能力",既要考虑单位的生产经营范围,又要考虑经营规模,还要考虑单位的性质、生产经营活动的危险程度等因素。

一、主要负责人安全生产知识和管理能力

一般来说,生产经营单位的主要负责人应当具备下列条件:

1. 熟悉和了解并能认真贯彻国家有关安全生产的法律、法规、规章和方针政策,以及与本单位有关的安全标准。

2. 基本掌握安全分析、安全决策及事故预测和防护知识,具有审查安全建设规划、计划、大中修施工方案的安全决策知识。

3. 具有一定文化程度,受过一定的安全技术培训,具有一定的从事本行业工作的经验,基本熟悉和掌握对本单位所从事的生产经营活动必需的安全知识。

4. 具有一定组织管理能力，较好地组织和领导本单位的安全生产工作。

二、安全生产管理人员的安全生产知识和管理能力

生产经营单位的安全生产管理人员必须具备本单位所从事的生产活动相应的安全生产知识和管理能力。一般来讲，要求生产经营单位的安全生产管理人员的安全生产知识高于主要负责人，并要有相应的现场安全管理能力，应当具备下列条件：

1. 熟悉并能认真贯彻国家有关安全生产的法律、法规、规章和方针政策，以及与本单位有关的安全生产规章制度、操作规程及相关的安全标准。

2. 掌握安全分析、安全决策及事故预测和防护知识，具有审查安全建设规划、计划、大中修施工方案的安全决策知识。

3. 具有一定文化程度，受过一定的安全技术培训，具有从事本行业的经验，熟悉和掌握对本单位所从事的生产经营活动必需的安全知识，并能够熟练地在安全生产管理工作中运用。

4. 具有一定组织管理能力，较好地组织和领导相应的安全生产工作，具有较好的现场安全生产管理能力。

第十七条　安全生产教育和培训

生产经营单位应当履行下列安全生产教育和培训的责任：

（一）对从业人员进行安全生产教育和培训，保证从业人员具备必要的安全生产知识，熟悉有关安全生产规章制度和安全操作规程，掌握本岗位安全操作技能，了解事故应急处理措施，知悉自身在安全生产方面的权利和义务；

（二）对新招用、换岗、离岗6个月以上的人员，以及采用新工艺、新技术、新材料或者使用新设备的人员，进行安全生产教育和培训；

（三）教育和培训的内容和学时，符合法律、法规、规章的规定；

（四）未经安全生产教育和培训合格的人员，不得安排上岗作业；

（五）建立安全生产教育和培训档案，如实记录教育和培训的时间、内容、参加人员以及考核结果等情况。

● 条文主旨

本条是关于生产经营单位安全生产教育和培训责任的规定。

● 条文解读

本条集中归纳了《安全生产法》第二十五条、第二十六条和《北京市安全生产条例》第二十五条的内容，提出了日常安全教育培训、特定情形再培训、安全教育培训的内容和学时要求以及安全教育培训档案等方面的一般要求。

一、安全生产教育培训的基本要求

安全生产教育培训是安全生产管理工作的一个重要组成部分，是实现安全生产的一项重要基础性工作。人是生产经营活动的第一要素，生产经营活动最直接的承担者就是从业人员。对从业人员进行安全生产教育和培训，控制人的不安全行为，对减少生产安全事故极为重要。通过安全生产教育和培训，可以使广大从业人员正确按章办事，严格执行安全生产操作规程，认识和掌握生产中的危险因素和生产安全事故的发生规律，并正确运用科学技术加强管理和预防，及时发现和消除事故隐患，保证安全生产。

对于新招用、换岗、离岗6个月以上的人员，以及采用新工艺、新技术、新材料或者使用新设备的人员，要进行安全生产岗前教育和培训；对于其他人员每年也要进行再次培训。未经安全生产教育和培训合格的人员，不得安排上岗作业。

二、安全生产教育培训的基本内容

依据《北京市安全生产条例》第二十四条规定，安全生产的教育和培训主要包括下列内容：

1. 安全生产法律、法规和规章。

2. 安全生产规章制度和操作规程。

3. 岗位安全操作技能。

4. 安全设备、设施、工具、劳动防护用品的使用、维护和保管知识。

5. 生产安全事故的防范意识和应急措施、自救互救知识。

6. 生产安全事故案例。

三、安全生产教育培训的学时要求

按照《北京市安全生产条例》《生产经营单位安全

培训规定》等法规、规章规定,生产经营单位安全生产教育培训学时应当达到以下要求:

1. 危险物品的生产、经营、储存单位和矿山、金属冶炼单位:主要负责人和安全管理人员初次培训不少于 48 学时,每年再培训不少于 16 学时;其他从业人员岗前培训不少于 72 学时,每年再培训不少于 20 学时。

2. 上述行业以外的其他生产经营单位:主要负责人和安全管理人员初次培训不少于 32 学时,每年再培训不少于 12 学时;其他从业人员岗前培训不少于 24 学时,每年再培训不少于 8 学时。

3. 生产经营单位采用新工艺、新技术、新材料或者使用新设备,必须了解、掌握其安全技术特性,采取有效的安全防护措施,并对从业人员进行不少于 4 学时的专门安全生产教育和培训。

4. 教育培训学时的有关要求,应当执行国家和本市有关法律、法规、规章的要求,另有规定的从其规定。

四、安全生产教育培训的痕迹管理

建立完善的安全生产教育和培训档案,是保证安全生产教育和培训质量的基础。安全生产教育和培训档案,不仅是从业人员安全生产教育和培训的记录轨迹,也是生产安全事故责任认定的重要依据。生产经营单位应当指定专人负责本单位的安全生产教育和培训档案。档案的范围应当包括本单位的主要负责人、有关负责人、安全生产管理人员、特种作业人员、职能部门工作人员、班组长以及其他从业人员。档案的内容应当详细记录每位从业人员参加安全生产教育培训的时间、内容、考核结果以及复训情况等。档案应当按照有关法律法规的要求进行保存，不得擅自修改、伪造。档案具体细节要求详见本规定第十八条。

第十八条　教育和培训档案

生产经营单位的安全生产教育和培训档案应当包括下列内容：

（一）教育和培训的内容或者影像资料；

（二）教育和培训的签到表和培训学时记录；

（三）考试试卷或者从业人员本人签名的考核记录。

小型或者微型企业等规模较小的生产经营单位的安全生产教育和培训档案，应当至少包括本条第一款第一项规定的内容。

● 条文主旨

本条是关于安全生产教育和培训档案的规定。

● 条文解读

本条对《安全生产法》第二十五条第四款的内容进行了细化补充，明确了安全生产教育和培训档案的具体内容要求。同时对小微企业安全生产教育和培训档案作出了规定。

《安全生产法》第二十五条第四款规定：生产经营单位应当建立安全生产教育和培训档案，如实记录安全生产教育和培训的时间、内容、参加人员以及考核结果等情况。这一规定虽然明确了安全生产教育和培训档案记录的基本要素，但是，在实际工作中，衡量教育培训是否到位的标准仍不明确。因此，必须有统一的生产经营单位认知和监管执法人员裁量的标准。

1. 教育和培训的内容一般可以是授课的文本、课件等，或者是视频录像；现场图片无法说明培训内容，在有时间水印的情况下，可以作为组织培训的简单证明。

2. 教育和培训的签到表是佐证生产经营单位的从业

人员参加教育和培训情况的相关资料,包括主要负责人、分管负责人、部门负责人等管理人员。培训学时记录是佐证生产经营单位从业人员都完成了法律法规规定的教育培训学时情况的相关资料。

3. 考试试卷或者从业人员本人签名的考核记录是佐证生产经营单位按要求实施考核情况的相关资料。有试卷的考试,试卷应当留存被考核者姓名、日期及考核结果;没有试卷的考试,采用被考核者签名确认的方式说明开展考核的情况。

4. 教育和培训的档案记录可以是纸质形式,也可以是电子形式。电子形式的档案记录原则上宜为纸质的扫描件。

5. 考虑到小微企业的实际情况,允许小微企业仅保留教育和培训的授课文本(课件)或影像资料,作为安全生产教育培训档案。

第十九条 特种作业管理

生产经营单位进行特种作业活动,应当使用取得相应资格的特种作业人员。

生产经营单位应当核实特种作业人员的操作资

格，按照准许的作业类别和操作项目安排特种作业人员上岗作业。

● 条文主旨

本条是关于生产经营单位特种作业管理的规定。

● 条文解读

本条从生产经营单位的责任义务角度，明确生产经营单位进行特种作业活动应当使用有资质的人员，负有核实特种作业人员操作资格真伪的义务，不得使用"无证"和"假证"人员；明确生产经营单位负有核实特种作业人员操作资格准许的作业类别和操作项目的义务，不得安排特种作业人员超越许可范围上岗作业。

一、特种作业和特种作业人员

特种作业，是指容易发生人员伤亡事故，对操作者本人、他人及周围设施的安全有重大危害的作业。特种作业种类以国家安全生产监管总局公布的《特种作业目录》、住房和城乡建设部公布的《建筑施工特种作业操作类别目录》和国家市场监管总局公布的《特种设备作业人员资格认定分类与项目》为准。特种作业人员在工作中接触的危险因素较多，危险性较大，很容易发生生产安全事故，而一旦发生事故，不仅对作业人员本人，而且会对他人和周围设施造成很大危害。因此，要对特种作业人员实行严格管理。

二、强化生产经营单位对特种作业人员的管理义务

《安全生产法》第二十七条第一款只是明确了特种作业人员应当参加专门培训，取得相应资格，才能上岗作业。现实中，往往由于生产经营单位没有核验特种作业人员的证件或者证件的真伪，出现无证或者使用假证而从事特种作业的人员，也会出现实际进行的特种作业与所持证件上准许的作业类别和操作项目不符的情况。因此，本条赋予了生产经营单位主动核实特种作业人员操作资格的义务，并要求生产经营单位按照特种作业资格证上准许的作业类别和操作项目进行作业，不得使用"无证"和"假证"特种作业人员，不得安排特种作业人员超越许可范围上岗作业。

特种作业资格证的真伪可以通过相关政府部门官网查询。

三、特种作业人员管理的其他要求

《特种作业人员安全技术培训考核管理规定》要求，

生产经营单位应当加强对本单位特种作业人员的管理，建立健全特种作业人员培训、复审档案，做好申报、培训、考核、复审的组织工作和日常的检查工作。按照现行规定，特种作业操作证有效期为6年，一般每3年需要复审1次；逾期未复审的，特种作业操作证失效。

第二十条 场所、设备设施的禁止性要求

生产经营单位应当履行下列场所和设备设施的安全责任：

（一）不得使用违法建（构）筑物从事生产经营活动；

（二）不得擅自变更规划许可确定的场所使用功能，危及生产安全；

（三）不得占用、堵塞、封闭疏散通道、安全出口或者埋压、圈占、遮挡消火栓；

（四）不得违反规定存放易燃易爆物品、危险物品、放射性物品等物品；

（五）生产、经营、储存、使用危险物品的车间、商店、仓库不得与员工宿舍设置在同一座建筑物内；

（六）不得使用国家和本市明令淘汰的危及生产安全的设备及工艺；

（七）不得违反法律、法规、规章和国家标准、行业标准的其他禁止性规定和要求。

● 条文主旨

本条是关于生产经营场所和设备设施禁止性要求的规定。

● 条文解读

本条是本规定创设的生产经营单位保证场所和设施设备安全责任的规定。以禁止性规定的形式，提出了生产经营单位的场所和设备设施不得存在的若干情形。

一、场所和设备设施安全的重要性

《安全生产法》第十七条规定，生产经营单位应当具备本法和有关法律、行政法规和国家标准或者行业标准规定的安全生产条件，不具备安全生产条件的，不得从事生产经营活动。场所和设施设备是安全生产条件中最重要的"硬件"，对于保证生产经营活动的安全至关重要。近年来，在经济利益的驱使下，一些生产经营单位为了降低成本,大量利用违法建(构)筑物开展经营活动,并将居住与生产、经营、存储功能混合使用,形成具有重大安全隐患的"三合一"场所。这些生产经营场所普遍存在建筑设计不规范、结构不合理、耐火等级不高、可燃物多、电线私拉乱接、安全疏散通道不畅、用火用气不规范、杂物混乱堆放、安全管理水平低下等问题,对人民生命和财产安全造成巨大威胁。

二、不得使用违法建(构)筑物从事生产经营活动

违法建(构)筑物是指未取得拟建工程规划许可证(原址、选址建房意见书),在规划区以外建设,违反《土地管理法》《城乡规划法》《村庄和集镇规划建设管理条例》等相关法律法规的规定动工建造的建筑物及设施。

《城乡规划法》第三十七条第一款规定:"在城市、镇规划区内以划拨方式提供国有土地使用权的建设项目,经有关部门批准、核准、备案后,建设单位应当向城市、县人民政府城乡规划主管部门提出建设用地规划许可申请,由城市、县人民政府城乡规划主管部门依据控制性详细规划核定建设用地的位置、面积、允许建设的范围,核发建设用地规划许可证。"第四十条第一款规定:"在城市、镇规划区内进行建筑物、构筑物、道路、管线和其他工程建设的，建设单位或者个人应当向城市、县人民政府城乡规划主管部门或者省、自治区、直辖市人民政府确定的镇人民政府申请办理建设工程规划许可证。"

《水法》《公路法》《铁路法》《民用航空法》《文物保护法》《环境保护法》《港口法》《防洪法》等法律，分别从不同角度对相关建筑物、构筑物的建设作出了限制性规定。

2019年4月28日起施行的新修订后的《北京市城乡规划条例》明确，违法建设包括城镇违法建设和乡村违法建设。城镇违法建设是指未依法取得建设工程规划许可证、临时建设工程规划许可证或者未按照许可内容进行建设的城镇建设工程，以及逾期未拆除的城镇临时建设工程。乡村违法建设是指应当取得而未取得乡村建设规划许可证、临时乡村建设规划许可证或者未按照许可内容进行建设的乡村建设工程。

《北京市城乡规划条例》第二十九条规定，本市依法实行规划许可制度，各项建设用地和建设工程应当符合城乡规划，依法取得规划许可。规划许可证件包括选址意见书、建设工程规划许可证、乡村建设规划许可证和相应的临时规划许可证。城镇建设项目应当按照建设工程规划许可证或者临时建设工程规划许可证的许可内容进行建设；农村建设项目应当按照乡村建设规划许可证或者临时乡村建设规划许可证的许可内容进行建设。

《北京市城乡规划条例》第四十七条规定，处置涉及违法建设的房屋和土地，不得妨碍执法机关对违法建设的查处。有关机构在依法处置房屋、土地前应当向规划自然资源主管部门了解有关规划情况，规划自然资源主管部门应当予以配合。涉及违法建设的，规划自然资源主管部门应当书面告知其违法建设处理后，方可处置。第五十八条规定，市人民政府应当明确规划自然资源主管部门、城市管理综合行政执法机关、乡镇人民政府、街道办事处等查处违法建设的职责分工。街道办事处查处违法建设，可以依照国家和本市有关规定开展综合执法工作，按照有关法律规定相对集中行使行政处罚权。第六十二条规定，乡镇人民政府、街道办事处应当对本辖区内建设情况进行巡查，发现违法建设行为的，应当予以制止，并依法予以处理。居民委员会、业主委员会、村民委员会和物业服务企业发现本区域内违法建设行为的，应当予以劝阻，并报告街道办事处、乡镇人民政府或者其他执法机关。

三、不得擅自变更规划许可确定的场所使用功能，危及生产安全

变更建筑物规划许可的用途，需要严格的审批程序，不允许擅自变更规划许可确定的场所使用功能。而一些生产经营单位为了追求经济利益，将设备间、停车场等场所擅自变更为住宿场所，造成很大的安全隐患，时常发生事故。因此，本条规定生产经营单位不得擅自变更规划许可确定的场所使用功能。但是，该规定要求擅自变更规划许可确定的场所使用功能的行为必须达到危及生产安全的程度，才是本规定所禁止的。其他擅自变更规划许可确定的场所使用功能的行为按照有关法律、法规、规章处理。

四、不得占用、堵塞、封闭疏散通道、安全出口或者埋压、圈占、遮挡消火栓

疏散通道和消火栓是场所安全管理中的两个重要点位，也是生产经营单位容易出现问题的地方，有必要进一步强化。有关法律法规针对疏散通道和消火栓的管理有明确的要求。比如，《消防法》第二十八条规定："任何单位、个人不得损坏、挪用或者擅自拆除、停用消防设施、器材，不得埋压、圈占、遮挡消火栓或者占用防火间距，不得占用、堵塞、封闭疏散通道、安全出口、消防车通道。人员密集场所的门窗不得设置影响逃生和灭火救援的障碍物。"《安全生产法》第三十九条规定："生产经营场所和员工宿舍应当设有符合紧急疏散要求、标志明显、保持畅通的出口。禁止锁闭、封堵生产经营场所或者员工宿舍的出口。"

五、不得违规存放易燃易爆物品、危险物品、放射性物品等物品

违规存放易燃易爆物品、危险化学品、放射性物品等，往往是导致重大、特别重大生产安全事故的重要因素。因此，必须按照相关法律、法规、规章和国家标准、行业标准的要求对易燃易爆物品、危险化学品、放射性物品等进行严格管理。现行涉及危险物品储存要求的法律法规及国家标准主要包括：《消防法》《危险化学品安全管理条例》《放射性物品运输安全管理条例》《仓库防火安全管理规则》《常用化学危险品贮存通则》《危险化学品经营企业开业条件和技术要求》《易燃易爆性商品储存养护技术条件》《毒害性商品储存养护技术条件》《腐蚀性商品储存养护技术条件》等。

本条第五项、第六项的要求与《安全生产法》保持一致。《安全生产法》第三十九条第一款规定,生产、经营、储存、使用危险物品的车间、商店、仓库不得与员工宿舍在同一座建筑物内,并应当与员工宿舍保持安全距离。第三十五条第三款规定,生产经营单位不得使用应当淘汰的危及生产安全的工艺、设备。

第二十一条 设备设施安全

生产经营单位设备设施的安装、运行和管理,应当符合国家标准或者行业标准,定期维护、保养和检修,保证设备设施的正常运转。

存在较大危险因素设备设施的安全防护装置,应当符合国家标准或者行业标准,不得违反规定拆除或者停止使用。

● 条文主旨

本条是关于生产经营单位设备设施安全的规定。

● 条文解读

本条是本规定创设的生产经营单位保证设备设施安

全责任的规定。本条结合安全生产监管实际，对生产经营单位的要求涵盖了所有用于生产经营活动的设备设施。同时对安全防护装置作出了特别规定。

一、设备设施的安全管理

在实践中，很多生产性设备设施上并没有安装相应的安全装置，如果对生产性设备设施本身的安全管理不到位，也很容易发生生产安全事故。有必要要求生产经营单位对自身用于生产经营的设备设施进行全方位、全过程的监控。因此，本条第一款规定，生产经营单位设备设施的安装、运行和管理，应当符合国家标准或者行业标准。为了保证设备设施在安装使用后处于正常运转的状态，本条规定生产经营单位必须定期维护、保养和检修，保证设备设施的正常运转。

二、安全防护装置管理

本条第二款规定所指安全防护装置，是指为了保护从业人员安全、防止生产安全事故发生的装置。安全防护装置有无及质量好坏，都直接关系到生产经营活动的安全性。在实践中，生产经营单位容易出现以下三种违规行为：第一种情况是存在较大危险因素的设备设施上没有安装安全防护装置；第二种情况是虽然在危险性较大的设备设施上安装了安全防护装置,但安全防护装置的种类、数量、选型、安装不符合国家标准、行业标准要求;第三种情况是因设备检修或使用方便等因素考虑,拆除安全防护装置后不及时恢复,或者擅自停止使用安全防护装置。因此,本规定要求生产经营单位存在较大危险因素设备设施的安全防护装置,应当符合国家标准或者行业标准,不得违反规定拆除或者停止使用。

第二十二条 安全警示标志

生产经营单位应当在存在较大危险因素的生产经营场所或者设备设施上设置明显的安全警示标志。安全警示标志应当符合国家标准或者行业标准。

● 条文主旨

本条是关于安全警示标志设置要求的规定。

● 条文解读

本条主要规范了安全警示标志设置的场所和要求。

一、设置安全警示标志的重要性

在存在危险因素的地方设置安全警示标志,是对从业人员知情权的保障，有利于提高从业人员的安全生产意识，防止和减少生产安全事故的发生。在实践中，对于生产经营场所或者有关设备设施存在的较大危险因素，从业人员或者其他有关人员因了解不清或重视不足，可能导致严重的后果。因此，本条规定，生产经营单位应当在有较大危险因素的生产经营场所和有关设备设施上，设置明显的安全警示标志。这里的"危险因素"主要指能造成人员伤亡或财产损失的各种因素。同时，安全警示标志应当设置在作业场所或者有关设备设施的醒目位置，让每一个在该场所从事生产经营活动的从业人员或者该设施、设备的使用者，都能够清楚地看到，而且警示标志不能模糊不清，必须易于辨识，这样才能真正起到警示作用。

二、关于安全警示标志

安全警示标志一般由安全色、几何图形和图形符号构成，其目的是要引起人们对危险因素的注意。根据现行有关规定，我国目前使用的安全色主要有四种：（1）红色，表示禁止、停止；（2）蓝色，表示指令或必须遵守的规定；（3）黄色，表示警告、注意；（4）绿色，表示安全状态、提示或通行。而我国目前常用的安全警示标志，根据其含义，也可分为四大类：（1）禁止标志，表示"禁止"或"不允许"的含义；（2）警告标志，警告人们注意可能发生的各种危险；（3）指令标志，强制人们必须做出某种行为或动作的标志；（4）提示标志，向人们提示目标的方向。国家颁布了《安全标志及其使用导则》《矿山安全标志》等标准。生产经营单位应当按照这些标准设置安全警示标志。

第二十三条 安全生产经营决策

生产经营单位作出下列涉及安全生产的经营决策，应当听取安全生产管理机构或者安全生产管理人员的意见：

（一）安全生产投入计划；

（二）生产经营布局调整方案；

（三）存在较大危险因素设备设施的更新、改造计划；

（四）采用新工艺、新流程、新材料的计划；

（五）生产经营场所、项目、设备设施的发包或者出租计划等。

■ 条文主旨

本条是关于生产经营单位安全生产经营决策的规定。

■ 条文解读

本条明确生产经营单位安全生产经营决策应当听取安全生产管理机构或者安全生产管理人员的意见，并对《安全生产法》第二十三条第二款所称的"涉及安全生产的经营决策"进行了细化规定。

实践中，一些生产经营单位的主要负责人不重视安全生产管理机构和人员的专业性意见，在涉及生产经营布局调整、设施设备和工艺材料重大变更时，不注重广泛听取意见，埋下了风险隐患。因此，本规定要求生产经营单位作出涉及安全生产的经营决策时，应当听取安全生产管理机构及安全生产管理人员的意见。涉及安全生产的经营决策主要包括：（1）安全生产投入计划；（2）生产经营布局调整方案；（3）存在较大危险因素设备设施的更新、改造计划；（4）采用新工艺、新流程、新材料的计划；（5）生产经营场所、项目、设备的发包或者出租计划等。

涉及安全生产的经营决策应当听取安全生产管理机构及安全生产管理人员的意见,一方面是加强安全生产源头治理的治本之策,是生产经营单位的一项法定义务,必须严格执行;另一方面也是法律赋予安全生产管理机构以及安全生产管理人员的一项权利和职责,相关机构和人员应当严格按照有关安全生产法律、法规、国家标准或者行业标准等规定,积极提出相应的意见和建议。

在立法调研中发现,生产经营单位安全生产管理机构(人员)权责不对等或者有责无权的问题比较突出。一些生产经营单位安全生产管理机构和管理人员的地位低、责任大、话语权小的现象比较普遍,涉及安全生产的重大经营决策时安全管理机构和安全管理人员无权参与或难以参与。为此,本条规定对《安全生产法》第二十三条第二款所称的"涉及安全生产的经营决策"进行了细化规定,赋予安全生产管理机构和人员参与重大经营决策中安全生产问题的权利,增强在实践中的可操作性。

第二十四条　安全告知

生产经营单位应当向从业人员如实告知作业场

所和工作岗位存在的危险因素、防范措施以及事故应急措施。

● 条文主旨

本条是关于生产经营单位安全告知义务的规定。

● 条文解读

本条从保障从业人员知情权的角度，设定了生产经营单位的安全告知义务，要求生产经营单位应当向从业人员如实告知作业场所和工作岗位存在的危险因素、防范措施以及事故应急措施。

向从业人员告知作业场所和工作岗位的危险因素、防范措施以及事故应急措施，是保障从业人员知情权的重要内容，也是保障其安全健康的重要措施。在生产经营单位内部，很多决策是由主要负责人和管理层作出的，普通从业人员始终处于信息不对等的不利地位。对于工作场所存在哪些危险因素，设备设施是否达到安全标准，如何采取有效的防范措施等内容，普通从业人员往往并不充分了解，也就无法做到有效预防。甚至有些生产经营单位为了抢工期、赶进度，获取更多经济利益，故意隐瞒作业场所和工作岗位存在的危险信息，导致工人冒险作业，成为生产安全事故发生的重要原因之一。因此，本条把安全告知设定为生产经营单位的强制性法定义务，必须严格遵守，不得隐瞒真实情况或进行虚假告知。

安全告知的内容包括三个方面：（1）作业场所和工作岗位存在的危险因素的种类、性质以及可能导致何种生产安全事故；（2）针对危险因素的防范措施；（3）针对该作业场所和工作岗位的可能导致的生产安全事故的种类和特点，事先制定的在发生生产安全事故时的技术措施和其他应急措施。

告知的形式可以是多种多样的，如组织从业人员进行学习，或者在作业场所和工作岗位设置公告栏，将有关内容予以公告等。

第二十五条 危险作业管理

生产经营单位进行爆破、吊装、挖掘、悬吊、建设工程拆除、油罐清洗等危险作业，以及在有限空间内作业、动火作业、高处作业、带电作业、临近高压输电线路作业，应当遵守下列规定：

（一）制定作业方案，按照本单位内部批准权限审批；

（二）落实安全交底，向作业人员详细说明作业内容、主要危险因素、作业安全要求和应急措施等内容；

（三）安排专门人员进行现场管理，确认现场作业条件、作业人员上岗资格、身体状况符合安全作业要求，监督作业人员遵守操作规程，落实安全措施；

（四）配备与现场作业活动相适应的劳动防护用品，以及相应的安全警示标志、安全防护设备、应急救援装备；

（五）发现直接危及人身安全的紧急情况，立即采取应急措施，停止作业或者撤出作业人员。

● 条文主旨

本条是关于生产经营单位危险作业管理的规定。

● 条文解读

本条对《安全生产法》第四十条和《北京市安全生产条例》第三十九条有关危险作业管理的内容进行了细

化、补充、完善,建立危险作业的作业审批、安全交底、现场管理、应急处置等一整套管理体系。

一、关于具有较大危险性的作业

结合本市生产经营单位经营活动特点,本条对容易发生事故和人员伤亡的爆破、吊装、挖掘、悬吊、建设工程拆除、油罐清洗等危险作业,以及在有限空间内作业、动火作业、高处作业、带电作业、临近高压输电线路作业进行了单独列举。

主要考虑有两个方面:一是在本市生产安全事故总量中,危险作业和特定类型具有较大危险性的作业引发的事故总量居高不下,特别是高处作业引发的高处坠落事故和带电作业引发的触电事故占据较大比例。二是大量国家标准、行业标准,对相关具有较大危险性的作业提出了明确、具体的安全技术要求。如《高处作业吊篮安全规则》《高处作业吊篮安装、拆卸、使用技术规程》《建筑施工高处作业安全技术规范》《建筑外墙清洗维护技术规程》《电力安全工作规程》《用电安全导则》《施工现场临时用电安全技术规范》《缺氧危险作业安全规程》《化学品生产单位特殊作业安全规范》《涂装作业安全规程》《汽车运输、装卸危险货物作业规程》《储罐机械清洗作业规范》《建筑拆除工程安全技术规范》等。

二、具有较大危险性作业的管理要求

一是建立作业审批制度。要求生产经营单位制定作业方案，按照本单位内部批准权限审批，通过加强内部审批来加强对危险性作业的安全控制。二是建立安全交底制度。要求生产经营单位针对作业的高度危险性严格履行安全告知义务，向作业人员充分说明作业内容、主要危险因素、作业安全要求和应急措施等内容。落实安全交底也包括在不同班组交接之际，上一班组成员要向下一班组成员通报工作进展情况及可能存在的危险因素。三是加强现场管理。考虑危险作业现场情况比较复杂、危险因素较多，生产经营单位要安排专门人员进行现场管理，确认现场作业条件、作业人员上岗资格、身体状况是否符合安全作业要求等，并监督从业人员遵守操作规程、落实安全措施。四是落实防护保障。鉴于相关作业的较大危险性，生产经营单位必须为从业人员配备与现场作业活动相适应的劳动防护用品及相应安全防护设备、应急救援装备。五是强化应急处置。考虑危险作业容易造成人员伤亡，要求生产经营单位一旦发现直接危及人身安全的紧急情况时，应立即采取应急措施，停止作业或者撤出作业人员。

第二十六条　安全生产管理协议

有下列情形之一的,生产经营单位应当签订安全生产管理协议,或者在有关合同中明确各自的安全生产管理职责:

(一)发包或者出租生产经营项目、场所、设备的;

(二)两个以上生产经营单位在同一作业区域内进行生产经营活动,可能危及对方生产安全的;

(三)委托其他生产经营单位从事本规定第二十五条规定所列作业的。

◐ 条文主旨

本条是关于签订安全生产管理协议的规定。

◐ 条文解读

本条综合《安全生产法》第四十五条、第四十六条第二款规定内容,明确出租发包、交叉作业和委托作业应当签订安全生产管理协议。其中,委托作业应当签订安全生产管理协议，为本规定结合本市生产经营单位经营活动特点的新增内容。

一、签订安全生产管理协议的必要性

随着经济社会的发展，各类市场主体从事生产经营活动呈现多样化趋势，租赁、承包、合作经营等多种经营方式越来越普遍，给安全生产工作也带来挑战。很多单位安全意识、安全责任淡漠，安全管理混乱，存在以租代管、以包代管问题。一些生产经营单位利用在市场上的强势地位，往往只收取租金或承包费用，推卸安全生产责任，对承包、承租单位的安全生产问题不闻不问，导致事故隐患大量存在。针对上述情况，本规定要求发包或者出租生产经营项目、场所、设备的，应当签订安全生产管理协议，或者在有关合同中明确各自的安全生产管理职责。

随着生产经营单位之间的联系日益紧密，一个项目或工程往往需要多个生产经营单位共同参与，比如建筑工程中通常涉及施工总承包单位、专业分包单位、劳务分包单位和材料供应商等，其中某个单位安全管理不善就可能会影响到其他单位，产生连锁反应，导致事故发生。由于不同单位之间没有管理与被管理的关系，互相也不了解对方的生产经营活动特点和危险因素等情况，客观上增加了两个以上的生产经营单位在同一区域作业的现场管理难度，容易形成现场安全管理混乱的局面。针对上述情况，本规定要求两个以上生产经营单位在同一作业区域内进行生产经营活动，可能危及对方生产安全的，应当签订安全生产管理协议，或者在有关合同中明确各自的安全生产管理职责。

由于建设工程拆除、油罐清洗以及在有限空间内作业、高处作业的危险程度和专业性要求都很高，很多生产经营单位都委托其他专业性单位实施作业。这些危险作业往往是事故多发的领域，需要双方分别落实安全生产职责，分工协作，做好安全生产工作。针对上述情况，本规定要求委托其他生产经营单位从事危险作业的，应当签订安全生产管理协议，或者在有关合同中明确各自的安全生产管理职责。

二、签订安全生产管理协议的作用

签订安全生产管理协议具有两方面的作用。一方面，通过明确各方的权利义务，加强管理、协调和监督。协议应明确发包方、出租方应提供什么样的生产经营条件、场所和环境。承租方、承包方应履行哪些责任义务。只有在明确各自的职责权限和范围的基础上，协作才能有章可循，才可以最大限度避免互相推诿扯皮。另一方面，安全生产管理协议也是解决争议和判断生产安全事故责任的重要依据之一。事故发生后，往往涉及定责、赔偿的问题。只要不违背法律、法规规定，生产经营单位之间也可以协商解决，但如果不能协商解决，需要走行政或司法程序，双方约定就将成为重要依据。

三、其他说明

1. 本条规定了要求生产经营单位签订安全生产管理协议，或者在有关合同中明确各自安全生产管理职责的三种情形。其中，第一种发包出租的情形和第三种委托作业的情形，生产经营单位之间一般存在业务关系，生产经营单位与承包单位、承租、受托单位采用这两种约定方式都可以，即：一种是签订专门的安全生产管理协议；另外一种是不签订专门的协议而是在承包合同、承租合同中对各自的安全生产管理职责进行约定。第二种情形，两个以上生产经营单位在同一作业区域内进行生产经营活动，可能危及对方生产安全的。这些生产经营单位之间可能不存在业务关系，只能签订专门的安全生产管理协议。

2. 除签订安全生产管理协议外,《安全生产法》规定,本条第一项生产经营单位发包或者出租生产经营项目、场所、设备的,还应当对承包单位、承租单位的安全生产工作统一协调、管理,定期进行安全检查,发现安全问题应当及时督促整改。这是法定义务,不得通过安全生产管理协议或者承包合同、租赁合同予以免除或者转让给承包、承租单位。在协议中转让该义务的,转让义务的条款无效。本条第二项两个以上生产经营单位在同一作业区域内进行生产经营活动,可能危及对方生产安全的,还应当指定专职安全生产管理人员进行安全检查与协调。

3. 根据本规定,生产经营单位应当具备法律、行政法规和国家标准或者行业标准规定的安全生产条件,不具备安全生产条件的,不得从事生产经营活动。因此,生产经营单位不得将生产经营项目、场所、设备发包或者出租给不具备安全生产条件或者相应资质的单位或者个人。

第二十七条　安全生产管理协议内容

安全生产管理协议应当包括下列内容:

（一）双方安全生产职责、各自管理的区域范围；

（二）作业场所、作业人员、设备设施的安全生产管理责任；

（三）双方有关安全生产的权利和义务；

（四）生产安全事故报告和应急救援责任。

● 条文主旨

本条是关于安全生产管理协议内容的规定。

● 条文解读

本条补充、细化了安全生产管理协议的内容。

安全生产管理协议应该告知本单位生产的特点、作业场所存在的危险因素、防范措施以及应急措施，以使各个单位对该作业区域的安全生产状况有一个整体上的把握。

为了更加清晰地指引生产经营单位之间切分好相关安全生产职责，本条根据相关法律法规的精神和安全生产管理实践，要求安全生产管理协议至少包括四项内容：(1) 总体上，双方的安全生产职责和各自负责管理的区域范围必须明确;(2)在具体方面,作业场所、作业人员和设备设施必须要明确安全管理的责任方。比如场所出租方与承租方要明确场所的安全由哪一方负责,明确用电、消防以及生产的设备设施由哪一方进行检修维护和日常管理等;(3)双方有关安全生产的权利和义务,比如双方在安全资质、资金投入、安全教育和培训、危险源管控等方面的权利义务;(4)一旦发生事故,双方在事故报告和应急救援方面各自负有哪些责任。

第二十八条 劳动防护用品

生产经营单位应当定期为从业人员无偿提供和更新符合国家标准或者行业标准的劳动防护用品,督促、教育从业人员正确佩戴、使用,并如实记录购买和发放劳动防护用品的情况。

劳动防护用品不得以货币或者其他物品替代。

▶ 条文主旨

本条是关于生产经营单位劳动防护用品配备的规定。

▶ 条文解读

本条补充、细化了《安全生产法》第四十二条和

《北京市安全生产条例》第三十六条关于生产经营单位劳动防护用品配备的规定。

一、关于劳动防护用品

劳动防护用品是保护从业人员安全所采取的必不可少的辅助措施,在某种意义上说,它是劳动者防止职业伤害的最后一道屏障,在保障从业人员生命健康上,往往能够起到至关重要的作用。根据《用人单位劳动防护用品管理规范》,劳动防护用品主要是指由用人单位为劳动者配备的,使其在劳动过程中免遭或者减轻事故伤害及职业病危害的个体防护装备。该规范将劳动防护用品分为头部防护用品、呼吸防护用品、眼面部防护用品、耳部防护用品、手部防护用品、足部防护用品、躯干防护用品、护肤用品、坠落防护用品等十大类。

二、配备劳动防护用品的有关要求

1. 用人单位应按照识别、评价、选择的程序,结合劳动者作业方式和工作条件,并考虑其个人特点及劳动强度,选择防护功能和效果适用的劳动防护用品。(1)接触粉尘、有毒、有害物质的劳动者,应当根据不同粉尘种类、粉尘浓度及游离二氧化硅含量和毒物的种类及浓度,配备相应的呼吸器、防护服、防护手套和防护鞋等。具体可参照《呼吸防护用品——自吸过滤式防颗粒物呼吸器》《呼吸防护用品的选择、使用与维护》《防护服装化学防护服的选择、使用和维护》《手部防护防护手套的选择、使用和维护指南》和《个体防护装备足部防护鞋（靴）的选择、使用和维护指南》等标准。(2) 接触噪声的劳动者，当暴露于 $80dB \leqslant LEX, 8h < 85dB$ 的工作场所时，用人单位应当根据劳动者需求为其配备适用的护听器；当暴露于 $LEX, 8h \geqslant 85dB$ 的工作场所时，用人单位必须为劳动者配备适用的护听器，并指导劳动者正确佩戴和使用。具体可参照《护听器的选择指南》。(3) 工作场所中存在电离辐射危害的，经危害评价确认劳动者需佩戴劳动防护用品的，用人单位可参照电离辐射的相关标准及《个体防护装备配备基本要求》为劳动者配备劳动防护用品，并指导劳动者正确佩戴和使用。(4) 从事存在物体坠落、碎屑飞溅、转动机械和锋利器具等作业的劳动者，用人单位还可参照《个体防护装备选用规范》《头部防护安全帽选用规范》和《坠落防护装备安全使用规范》等标准，为劳动者配备适用的劳动防护用品。

同一工作地点存在不同种类的危险、有害因素的，应当为劳动者同时提供防御各类危害的劳动防护用品。需要同时配备的劳动防护用品，还应考虑其可兼容性。劳动者在不同地点工作，并接触不同的危险、有害因素，或接触不同的危害程度的有害因素的，为其选配的劳动防护用品应满足不同工作地点的防护需求。

2. 提供的劳动防护用品必须符合国家标准或行业标准。劳动防护用品的质量好坏，对于保障劳动者的劳动安全非常重要。只有质量安全可靠，才能起到应有的劳动保护作用。国家对劳动防护用品的质量和技术条件制定了一系列技术标准，生产经营单位应为劳动者提供符合国家标准和行业标准的劳动防护用品，不能为了降低成本以次充好。

3. 必须定期无偿提供和更新劳动防护用品。提供防护用品是生产经营单位的义务，必须无偿提供，不得向从业人员收取任何费用。劳动防护用品的提供不能是一次性的，应当按照劳动防护用品使用周期定期发放，保证其在有效期内。对工作过程中正常损耗的，应及时无偿更换。安全帽、呼吸器、绝缘手套等安全性能要求高、易损耗的劳动防护用品，应当按照有效防护功能最低指标和有效使用期，到期强制报废。

4. 生产经营单位要对从业人员进行劳动防护用品的使用、维护等专业知识的培训，对劳动防护用品的使用情况进行检查，监督、指导从业人员按照使用规则佩戴、使用劳动防护用品，使其真正发挥作用。

5. 生产经营单位应当如实记录购买和发放劳动防护用品的情况。生产经营单位应当制定本单位劳动防护用品管理制度，购买符合国家标准、行业标准的劳动防护用品，查验并保存劳动防护用品检验报告等质量证明文件的原件或复印件，并按照标准发放劳动防护用品，保留有从业人员签字的劳动防护用品发放记录。

6. 生产经营单位必须按照要求将劳动防护用品以实物形式发放给从业人员，不得以货币或者其他物品替代。实践中，一些生产经营单位发放货币让从业人员自行购买劳动防护用品，或者发放其他生活用品替代劳动防护用品，致使从业人员使用劣质劳动防护用品或是不具备防护功能的生活用品，甚至是不使用任何劳动防护用品。因此，必须禁止以货币或者其他物品替代劳动防护用品。

第二十九条　风险管控和隐患排查

生产经营单位应当定期对作业场所、工艺、设备和岗位进行危害辨识，开展风险评估，确定风险等级，采取相应的风险管控措施；按照国家和本市有关规定开展生产安全事故隐患排查治理；发现直接危及人身安全的紧急情况，现场负责人有权停止作业、撤离人员。

小型或者微型企业等规模较小的生产经营单位，应当至少排查治理用火、用电、用气等方面的生产安全事故隐患。

● 条文主旨

本条是关于生产经营单位风险管控和隐患排查的规定。

● 条文解读

本条基于"风险"理论，要求生产经营单位进行风险评估、落实风险管控、开展隐患排查。同时对小微企业作出了规定。

一、风险管控和隐患排查的重要性

在安全生产领域，风险管控制度已经成为世界通行的先进管理制度。欧盟《风险管理框架指令》要求成员国必须通过立法形式要求雇主建立风险防控制度。该指令第六条规定，企业雇主的一般义务应包含对事故进行预防的制度，雇主的措施必须建立在以下预防原则之上：首先是要尽量消除风险；如果风险不能彻底消除的要进行分析风险，从根源上降低风险；工作安排要适应工人情况和技术的发展；尽量用无危险或低危险方式代替高危险的生产方式；制定统一的预防政策包括技术、组织、工作环境和社会关系等方面；相对于个人预防措施优先使用集体预防措施，给工人恰当的指导等。雇主应该采用书面的风险分析法来评估工作场所的风险。第七条规定，雇主必须安排一名以上的人员来负责风险防治工作，如果没有足够的合格人员，可以使用外部的服务和人员。第八条规定，工人在危险情况下有权撤离，并应被保护免受处罚。

　　风险防控制度的主要优势是能够通过风险评估工作，从源头上来预防风险，另外通过评估风险的等级，能够更有针对性地开展工作，将有限的资源用在最重要的风险上。《中共中央、国务院关于推进安全生产领域改革发展的意见》要求："企业要定期开展风险评估和危害辨识。针对高危工艺、设备、物品、场所和岗位，建立分级管控制度,制定落实安全操作规程。"隐患排查治理制度是基于"风险"理论,在我国安全生产管理实践中形成的一套制度体系。2016年,本市专门制定了《北京市生产安全事故隐患排查治理办法》的地方政府规章。

国内外实践证明,无论是风险防控还是隐患排查治理制度,可以从源头上预防风险,是减少生产安全事故最为有效的管理制度之一,而且风险防控和隐患排查治理制度还可以保障生产经营单位建立持续改进安全生产工作的长效机制,因此是落实安全生产主体责任的重要方面。

二、风险防控和隐患排查治理的有关要求

安全生产经营活动中存在的风险,是指特定危害事件发生的可能性,及其引发的人员伤亡、财产损失的后果严重性的组合。有时也称为安全生产风险。

风险防控工作的流程一般是:首先进行危害的辨识,查找本单位存在的危害因素,然后根据可能性和结果的严重程度评估风险大小,确定风险等级,列出风险清单,最后采取相应的风险管控措施。主要是开展以下工作:一是要对本单位生产系统、设备设施、操作行为、环境条件、安全管理等方面存在的风险进行辨识,对辨识出的风险进行分类梳理，评估安全风险等级，建立安全风险清单；二是针对每个安全风险制定事故预防措施，对安全风险及事故防范措施进行告知和警示，增强从业人员的事故防范能力；三是安装监测报警装置，对事故风险进行预测报警，对风险实施动态管理；四是加强应急管理，制订应急预案，设置专职或兼职应急管理人员，配备必要的应急装备和物资，定期组织应急演练，提高应急处置能力，有效降低事故损失。

风险管控措施应当尽量降低或转移风险，风险管控措施可以包括设置物理障碍、设置监测预警设备、制定工作操作程序、人员教育培训等方面。因工作场所、设备设施的情况可能随时会发生改变，风险评估及防控工作应当定期进行。风险评估和防控可以从不同层面展开，可以针对整体的作业场所，也可以针对具体的工艺、设备和岗位。

关于隐患排查治理的要求，生产经营单位应当严格按照《北京市生产安全事故隐患排查治理办法》执行，在此不再赘述。

三、关于小微企业风险防控和隐患排查治理的特殊规定

小微企业人员少、规模小,考虑其执行本规定的成本,本条对小微企业风险评估、隐患排查事项进行了特别规定。考虑风险管控和隐患排查在工作内容上具有一定的重合性,且危害辨识和风险评估对参与人员的专业素质要求较高,大多数小微企业的安全管理人员都很难达到,为此,本规定结合小微企业实际情况,仅要求小微企业按照规定开展生产安全事故隐患排查治理。大多数小微企业事故风险比较单一,只要抓住主要矛盾,就可以大概率地避免生产安全事故。因此,本规定要求小微企业应当重点排查治理用火、用电、用气等方面的生产安全事故隐患。

第三十条 生产安全事故应急救援责任

生产经营单位应当履行下列生产安全事故应急救援的责任:

(一)制定生产安全事故应急救援预案,并与所在地的区政府组织制定的生产安全事故应急救援预案相衔接;

（二）每年至少组织一次应急救援演练；

（三）配备必要的应急救援人员；

（四）发生生产安全事故后，迅速采取有效措施，组织抢救，防止事故扩大，减少人员伤亡和财产损失。

小型或者微型企业等规模较小的生产经营单位，可以不制定生产安全事故应急救援预案，但应当编制现场处置方案，指定兼职的应急救援人员，并可以与邻近的应急救援队伍签订应急救援协议。

● 条文主旨

本条是关于生产经营单位事故应急救援的规定。

● 条文解读

本条归纳总结了《安全生产法》第七十八条、第七十九条、第八十条和《北京市安全生产条例》第七十六条、第七十七条、第七十八条的规定，形成了生产经营单位生产安全事故应急救援责任体系。同时对小微企业作出了具体规定。

一、生产安全事故应急救援责任体系

根据本条规定，生产经营单位应该履行以下应急救援责任：

（一）制定应急救援预案。现实中，部分生产经营单位存在简单照搬其他单位的应急救援预案的情况，一旦发生事故，无法根据应急预案来进行应急处置。因此，生产经营单位制订的应急救援预案除了必须符合法律、法规和国家有关规定的要求，还要结合本单位生产经营的特点、危险源状况、危险性分析等个性化情况，必须要有针对性和可操作性。

生产安全事故，特别是重特大生产安全事故往往影响范围非常广泛，超出了某个单位的范围，应急救援工作需要生产经营单位与政府和其他相关单位配合进行。因此，生产经营单位的应急救援预案应与所在地政府的应急救援预案相衔接，以便于应急救援工作的顺利开展。

（二）每年至少举行一次应急救援演练。应急救援是实践性和技术性很强的工作，事故发生后，救援的时间非常紧急，环境非常复杂，危险因素很多，必须熟悉各种环境和操作要求才能做到快速有效的救援，因此必须针对应急救援预案进行定期演练。同时应急演练也是总结经验发现问题的过程，要通过演练发现存在的问题和不足，对应急救援预案不断进行修正和完善。由于《安全生产法》只规定生产经营单位应定期组织应急演练，但没有明确具体的时间要求，本规定依据《北京市安全生产条例》，要求一般生产经营单位生产安全事故应急救援预案演练每年不得少于一次。本条只是一般性规定，对于特定行业领域生产经营单位的生产安全事故应急救援预案演练，还应当执行《生产安全事故应急条例》的规定。

（三）配备必要的应急救援人员。为使应急救援得到有效实施，必须有应急救援队伍的保障。《安全生产法》第七十九条第一款规定："危险物品的生产、经营、储存单位以及矿山、金属冶炼、城市轨道交通运营、建筑施工单位应当建立应急救援组织；生产经营规模较小的，可以不建立应急救援组织，但应当指定兼职的应急救援人员。"《北京市安全生产条例》第七十六条要求，规模较小的生产经营单位可以委托专业应急救援机构提供救援服务，规模较大的生产经营单位可以组建专业应急救援队伍。

（四）发生生产安全事故后，生产经营单位应迅速组织救援。这是贯彻《安全生产法》第八十条的要求。"生产经营单位发生生产安全事故后，事故现场有关人员应当立即报告本单位负责人。单位负责人接到事故报告后，应当迅速采取有效措施，组织抢救，防止事故扩大，减少人员伤亡和财产损失，并按照国家有关规定立即如实报告当地负有安全生产监督管理职责的部门，不得隐瞒不报、谎报或者迟报，不得故意破坏事故现场、毁灭有关证据。"事故发生后，生产经营单位应立即启动相关应急预案，采取有效处置措施，开展应急救援工作，控制事态发展，并按规定向有关部门报告。事故可能影响周边群众和环境的应及时发布预警信息，组织疏散撤离工作。生产经营单位负责人不能谎报瞒报事故情况，甚至逃离现场，发生上述情况的，必须依法追究相关人员责任。

二、小型微型企业生产安全事故应急救援责任的有关规定

小微企业人员少、规模小，考虑到实际情况，本条对小微企业制订应急预案部分设置了具体规定。大多数小微企业事故风险比较单一，生产安全事故应急救援预案制订应当抓住主要矛盾，重点关注事故发生后的现场处置环节。因此，本规定明确小微企业可以不制订生产安全事故应急救援预案，但应当编制现场处置方案。

高危行业领域小微企业按照本规定第三十一条执行。

第三十一条 高危行业应急救援责任

危险物品的生产、经营、储存单位以及矿山、金属冶炼、城市轨道交通运营、建筑施工单位，应当建立应急救援组织，配备应急救援人员和必要的应急救援器材、设备设施和物资，并进行经常性维护、保养，保证正常运行。

● 条文主旨

本条是关于高危行业领域生产经营单位应急救援责任的特别规定。

● 条文解读

本条依据《安全生产法》第七十九条，对特定的高危行业领域生产经营单位的应急救援组织、人员和应急救援设备、物资作出了规定。

《安全生产法》第七十九条第二款规定："危险物品

的生产、经营、储存、运输单位以及矿山、金属冶炼、城市轨道交通运营、建筑施工单位应当配备必要的应急救援器材、设备和物资，并进行经常性维护、保养，保证正常运转。"本条所述危险行业生产经营活动危险程度较高，一旦发生事故可能造成重大生命和财产损失，因此对应急救援的能力要求较高，需要特别予以重视。本条要求高危行业的生产经营单位应建立应急救援组织，配备应急救援人员和必要的应急救援器材、设备和物资，以保证应急救援工作的有效开展。

第三部分 监督管理

本部分共涉及2个条文,主要对政府监管部门职责分工和监督检查重点作出规定。

第三十二条 政府监管部门

市和区应急管理、经济信息化、公安、规划自然资源、住房城乡建设、城市管理、交通、水务、市场监管、园林绿化和农业农村等负有安全生产监督管理职责的部门(以下统称负有安全生产监督管理职责的部门)在各自职责范围内,对相关行业、领域的生产经营单位履行安全生产主体责任的情况实施监督管理。

其他政府部门按照法律、法规、规章和市政府确定的职责,对相关行业、领域的生产经营单位履行安全生产主体责任的情况实施管理。

● 条文主旨

本条是政府监管部门职责分工的规定。

● 条文解读

本条结合《安全生产法》有关安全生产监督管理体制的制度设计，明确列举了负有安全监管职责的部门，形成了完善的政府监管责任体系。

一、负有安全生产监督管理职责的部门

《安全生产法》第九条第二款规定，县级以上地方各级人民政府有关部门依照本法和其他有关法律、法规的规定，在各自的职责范围内对有关行业、领域的安全生产工作实施监督管理。本规定根据法律、行政法规、地方性法规将应急管理、经济信息化、公安、规划自然资源、住房城乡建设、城市管理、交通、水务、市场监管、园林绿化和农业农村等部门明确为负有安全生产监督管理职责的部门，分别在各自职责范围内，对相关行业、领域的生产经营单位履行安全生产主体责任的情况实施监督管理。

（一）应急管理部门依照《安全生产法》《煤炭法》

《矿山安全法》《煤矿安全监察条例》《危险化学品安全管理条例》《北京市安全生产条例》对煤矿、金属非金属矿山、危险化学品等领域履行安全生产主体责任的情况实施监督管理，依照本规定履行监督检查职责，依法实施行政处罚。

（二）经济信息部门依照《民用爆炸物品安全管理条例》对民用爆炸物品生产、销售行业履行安全生产主体责任的情况实施监督管理，依照本规定履行监督检查职责，依法实施行政处罚。

（三）公安部门依照《民用爆炸物品安全管理条例》《北京市大型群众性活动安全管理条例》对民用爆炸物品购买、运输、爆破作业和大型活动领域履行安全生产主体责任的情况实施监督管理，依照本规定履行监督检查职责，依法实施行政处罚。

（四）公安交管部门依照《道路交通安全法》《道路交通安全法实施条例》对道路交通领域履行安全生产主体责任的情况实施监督管理。

（五）规划自然资源部门依照《矿产资源法》对矿产资源勘查、开采领域的履行安全生产主体责任的情况实施监督管理，依照本办法履行监督检查职责，依法实施行政处罚。

（六）住房城乡建设部门依照《建筑法》《建设工程安全生产管理条例》对房屋建设工程领域履行安全生产主体责任的情况实施监督管理，依照本规定履行监督检查职责，依法实施行政处罚。

（七）城市管理部门依照《石油天然气管道保护法》《城镇燃气管理条例》对石油天然气管道和城镇燃气领域履行安全生产主体责任的情况实施监督管理，依照本规定履行监督检查职责，依法实施行政处罚。依照《电力法》《电力设施保护条例》对电力行业履行安全生产主体责任的情况实施监督管理，依照本规定履行监督检查职责，依法实施行政处罚。

（八）交通部门依照《建设工程安全生产管理条例》对道路桥梁建设工程领域履行安全生产主体责任的情况实施监督管理，依照本规定履行监督检查职责，依法实施行政处罚；依照《北京市轨道交通运营安全条例》对轨道交通运营领域履行安全生产主体责任的情况实施监督管理，依照本规定履行监督检查职责，依法实施行政处罚。

（九）水务部门依照《建设工程安全生产管理条例》

对水利建设工程领域履行安全生产主体责任的情况实施监督管理,依照本规定履行监督检查职责,依法实施行政处罚。

(十)市场监管部门依照《特种设备安全法》《特种设备安全监察条例》对特种设备领域履行安全生产主体责任的情况实施监督管理。

(十一)园林绿化部门依照《森林防火条例》对森林防火领域履行安全生产主体责任的情况实施监督管理,依照本规定履行监督检查职责,依法实施行政处罚。

(十二)农业农村部门依照《农业机械安全监督管理条例》对农业机械领域履行安全生产主体责任的情况实施监督管理,依照本规定履行监督检查职责,依法实施行政处罚。

二、其他政府部门

《北京市安全生产条例》第九条第二款明确了商务、文化和旅游、教育、卫生健康等政府有关部门负责各自行业领域的安全生产管理工作,本市相关政府规章也赋予了政府有关部门与安全生产主体责任相关的行政处罚权限。

商务、文化和旅游、教育、卫生健康等未被列为负有安全监管职责的部门，仍应当落实"管行业必须管安全"要求，按照《北京市人民政府关于印发市政府工作部门安全监管（管理）职责的通知》和《北京市人民政府关于进一步完善和加强市政府工作部门安全监管（管理）职责的通知》文件精神，加强本行业领域安全生产管理，指导督促生产经营单位履行安全生产主体责任。对本行业领域生产经营单位履行安全生产主体责任相关事项仍应按照《北京市商业零售经营单位安全生产规定》《北京市餐饮经营单位安全生产规定》《北京市星级饭店安全生产规定》《北京市体育运动项目经营单位安全生产规定》《北京市文化娱乐场所经营单位安全生产规定》等本市地方政府规章实施行政处罚。

第三十三条　监督检查重点

负有安全生产监督管理职责的部门应当对下列生产经营单位进行重点监督检查：

（一）近三年内发生过生产安全事故的；

（二）近两年内受到过安全生产行政处罚的；

（三）上一年被举报投诉存在生产安全事故隐患，经查证属实的。

● 条文主旨

本条是政府部门监督检查重点的规定。

● 条文解读

本条明确负有安全监管职责的部门应当对发生过事故、受到过处罚和群众举报查证属实的生产经营单位进行重点监督检查。

本条对重点监督检查制度作出规定。实施重点监督检查主要有以下三个方面的考虑：一是合理分配监管资源。政府监管的对象非常庞大，考虑到行政执法成本，要把有限的资源用在最关键的地方，必须对落实主体责任不到位、风险较高的生产经营单位进行重点监督检查。二是努力解决监管部门依法履职、科学履职和尽职免责的问题。《安全生产法》要求"安全生产监督管理部门应当按照分类分级监督管理的要求，制定安全生产年度监督检查计划，并按照年度监督检查计划进行监督检查"。三是对生产经营单位形成激励导向。通过重点监督检查对象的范围界定，进一步激发生产经营单位加强安全生产管理的积极性和内生动力。因此，政府监管部门应当根据落实安全生产主体责任的情况,对生产经营单位进行差异性对待,重点监督检查主体责任落实不到位的生产经营单位。

　　本条明确列举了生产经营单位安全生产主体责任落实不到位的三种情况:一是 3 年内发生生产安全事故的;二是 2 年内受到安全生产行政处罚的;三是 1 年内被举报投诉存在生产安全事故隐患,经查证属实的。负有安全生产监督管理职责的部门应当结合本行业实际情况、执法人员数量、执法装备、监管企业的数量等情况,合理确定执法检查的数量,提高重点检查对象的覆盖率。

第四部分　法律责任

本部分对存在违反本规定的行为的生产经营单位和主要负责人设定了相应的行政处罚；设定了行政约谈、教育培训和信用信息惩戒等配套管理措施；并对逾期不缴纳罚款的情形，增设了加处罚金和强制执行的规定。

第三十四条　主要负责人法律责任

生产经营单位的主要负责人未履行本规定第四条规定的安全生产管理职责，或者未组织制定本规定第七条规定所列安全生产规章制度之一的，由负有安全生产监督管理职责的部门责令改正；拒不改正的，责令停产停业整顿，并处2万元以上5万元以下罚款。

生产经营单位的主要负责人有前款违法行为，导致发生生产安全事故的，依法给予撤职处分；构成犯罪的，依法追究刑事责任。

生产经营单位的主要负责人依照前款规定受刑事处罚或者撤职处分的，自刑罚执行完毕或者受处分之日起，5年内不得担任任何生产经营单位的主要负责人；对重大、特别重大生产安全事故负有责任的，终身不得担任本行业生产经营单位的主要负责人。

条文解读

本条是关于生产经营单位主要负责人未履行职责的罚则规定。

一、被处罚主体

本条罚则的被处罚主体是生产经营单位主要负责人。对主要负责人的理解，可参照本规定第四条的相关解释。

二、违法行为的构成

1. 生产经营单位主要负责人未履行本规定第四条规定的九项安全生产管理职责之一的，即可依照本条规定追究其法律责任。

2. 生产经营单位主要负责人未组织制定本规定第七条所列安全生产规章制度的，即可依照本条规定追究其法律责任。对生产经营单位所需制度的种类，可参照本规定第七条的相关解释。

三、违法行为的法律责任

1. 生产经营单位的主要负责人未履行本规定第四条规定的安全生产管理职责，或者未组织制定本规定第七条规定所列安全生产规章制度之一的，应当先责令改正，拒不改正的，责令停产停业整顿，并处2万元以上5万元以下罚款。

2. 生产经营单位的主要负责人有前款违法行为，导致发生生产安全事故的，依法给予撤职处分；构成犯罪的，依法追究刑事责任。

3. 生产经营单位的主要负责人依照本条规定受刑事处罚或者撤职处分的，自刑罚执行完毕或者受处分之日起，5年内不得担任任何生产经营单位的主要负责人。起算时间，从刑事处罚执行完毕之日或受到处分之日起计算；既受到刑事处罚又受到处分的，以更晚的时间计算。对重大、特别重大生产事故负有责任的，终身不得担任本行业生产经营单位的主要负责人。

第三十五条　资金投入法律责任

违反本规定第九条规定，生产经营单位未履行安全生产资金投入责任，致使生产经营单位不具备安全生产条件的，由负有安全生产监督管理职责的部门责令改正，提供必需的资金；拒不改正的，责令停产停业整顿。

有前款违法行为，导致发生生产安全事故的，对生产经营单位的主要负责人依法给予撤职处分，由负有安全生产监督管理职责的部门对个人经营的投资人处 2 万元以上 20 万元以下罚款；构成犯罪的，依法追究刑事责任。

● 条文解读

本条是关于未履行安全生产资金投入责任的罚则规定。

一、被处罚主体

本条罚则的被处罚主体是生产经营单位及个人经营的投资人。

二、违法行为的构成

生产经营单位未履行安全生产资金投入责任，致使生产经营单位不具备安全生产条件的。本条罚则属于后果罚，在有违法行为基础上还必须造成后果，才能给予行政处罚。如果生产经营单位未足额保障安全生产资金投入,但尚未导致不具备安全生产条件的,不能实施行政处罚。本条所称的"安全生产条件",可以结合本规定第二十条、第二十一条、第二十二条和第二十八条进行理解。

三、违法行为的法律责任

生产经营单位未履行本规定第九条规定的安全生产资金投入责任,并且导致不具备安全生产条件,应当先责令改正,拒不改正的,责令停产停业整顿。有前款违法行为,导致发生生产安全事故的,对生产经营单位的主要负责人依法给予撤职处分,由负有安全生产监督管理职责的部门对个人经营的投资人处2万元以上20万元以下罚款;构成犯罪的,依法追究刑事责任。

第三十六条 机构(人员)配备法律责任

违反本规定第十一条或者第十二条规定,生产经营单位未按照规定设置安全生产管理机构或者配备安全生产管理人员的,由负有安全生产监督管理职责的部门责令改正,可以处5万元以下罚款;拒不改正的,责令停产停业整顿,并处5万元以上10

万元以下罚款，对其直接负责的主管人员和其他直接责任人员处 1 万元以上 2 万元以下罚款。

▌ 条文解读

本条是关于生产经营单位未按照规定设置安全生产管理机构或者配备安全生产管理人员的罚则。

一、被处罚主体

本条罚则的被处罚主体是生产经营单位，直接负责的主管人员和其他直接责任人员。

二、违法行为的构成

未按照规定设置安全生产管理机构或者配备安全生产管理人员主要有以下三种表现形式：一是从业人员总数符合应当设置安全管理机构条件而未设置的；二是应当配备专职或兼职安全生产管理人员而未配备的；三是已配备安全生产管理人员，但配备的数量不符合本规定要求的。

三、违法行为的法律责任

生产经营单位未按照规定设置安全生产管理机构或者配备安全生产管理人员，责令改正，可以处 5 万元以下罚款。拒不改正的，责令停产停业整顿，对单位并处 5

万元以上10万元以下罚款，对其直接负责的主管人员和其他直接责任人员处1万元以上2万元以下罚款。

第三十七条　注册安全工程师配备法律责任

违反本规定第十四条第一款规定，生产经营单位未按照规定配备注册安全工程师的，由负有安全生产监督管理职责的部门责令改正，可以处5000元以上2万元以下罚款。

▌ 条文解读

本条是关于生产经营单位未按照规定配备注册安全工程师的罚则。

一、被处罚主体

本条罚则的被处罚主体是生产经营单位。

二、违法行为的构成

矿山、金属冶炼、危险物品的生产经营单位的安全生产管理人员中没有注册安全工程师的，或者注册安全工程师占安全生产管理人员总数的比例不足的。

三、违法行为的法律责任

矿山、金属冶炼、危险物品的生产经营单位未按照规定配备注册安全工程师的,责令改正,可以处5000元以上2万元以下罚款。

第三十八条 安全管理人员法律责任

违反本规定第十五条规定,生产经营单位的安全生产管理人员未履行安全生产管理职责的,由负有安全生产监督管理职责的部门责令改正;导致发生生产安全事故的,暂停或者撤销其与安全生产有关的资格;构成犯罪的,依法追究刑事责任。

▍ 条文解读

本条是关于生产经营单位安全生产管理人员未履职的法律责任。

一、被处罚主体

本条罚则的被处罚主体是生产经营单位安全生产管理人员。

二、违法行为的构成

安全生产管理人员未履行本规定第十五条的安全生产管理职责之一;安全生产管理人员未履行本规定的安全生产管理职责而导致发生生产安全事故。

三、违法行为的法律责任

生产经营单位的安全生产管理人员未履行本规定第十五条的安全生产管理职责,应当先责令改正,导致发生生产安全事故的,暂停或者撤销其与安全生产有关的资格;构成犯罪的,依法追究刑事责任。

第三十九条 安全教育培训法律责任

违反本规定第十七条规定,生产经营单位未履行安全生产教育和培训责任的,由负有安全生产监督管理职责的部门责令改正;拒不改正的,责令停产停业整顿,可以处2万元以下罚款。

● 条文解读

本条是关于生产经营单位未履行安全生产教育和培训责任的罚则。

一、被处罚主体

本条罚则的被处罚主体是生产经营单位。

二、违法行为的构成

生产经营单位未履行安全生产教育和培训责任。比如,未对从业人员进行安全生产教育和培训的;未对新招用、换岗、离岗6个月以上的人员，以及采用新工艺、新技术、新材料或者使用新设备的人员，进行安全生产教育和培训；教育和培训的学时不符合法律、法规、规章的规定；安排未经安全生产教育和培训合格的人员上岗作业；未建立安全生产教育和培训档案，未如实记录教育和培训的时间、内容、参加人员以及考核结果等情况。

三、违法行为的法律责任

生产经营单位未履行本规定第十七条规定的安全生产教育和培训责任，由负有安全生产监督管理职责的部门责令改正；拒不改正的，责令停产停业整顿，可以处2万元以下罚款。

第四十条　教育培训档案法律责任

违反本规定第十八条规定，生产经营单位未建立或者健全安全生产教育和培训档案的，由负有安全生产监督管理职责的部门责令改正，可以处1000元以上1万元以下罚款。

◣ **条文解读**

本条是关于生产经营单位未建立或者健全安全生产

教育和培训档案的罚则。

一、被处罚主体

本条罚则的被处罚主体是生产经营单位。

二、违法行为的构成

生产经营单位未建立或者健全安全生产教育和培训档案。教育培训档案中未包括以下内容之一的：(1) 教育和培训的内容或者影像资料；(2) 教育和培训的签到表和培训学时记录；(3) 考试试卷或者从业人员本人签名的考核记录。

小型或者微型企业等规模较小的生产经营单位未建立或者健全本规定第十八条第一款第一项规定的内容。

三、违法行为的法律责任

生产经营单位未建立或者健全安全生产教育和培训档案，责令改正，可以处1000元以上1万元以下罚款。

第四十一条 特种作业法律责任

违反本规定第十九条规定，生产经营单位使用未取得相应资格的特种作业人员，或者特种作业人员未按照准许的作业类别和操作项目作业的，由负有安全生产监督管理职责的部门责令改正，可以处5

万元以下罚款；拒不改正的，责令停产停业整顿，并处 5 万元以上 10 万元以下罚款，对其直接负责的主管人员和其他直接责任人员处 1 万元以上 2 万元以下罚款。

● 条文解读

本条是关于未按规定使用特种作业人员的罚则规定。

一、被处罚主体

本条罚则的被处罚主体是生产经营单位、直接负责的主管人员和其他直接责任人员。

二、违法行为的构成

本条罚则设定的违法行为有三种情况：第一种是生产经营单位使用未取得相应资格的人员从事特种作业的。此种情形，不论该作业人员是否为该单位员工。第二种是生产经营单位未履行审核义务，使用持假冒特种作业资格证书的人员从事特种作业的。第三种是生产经营单位安排特种作业人员超越准许的作业类别和操作项目进行作业活动的。比如生产经营单位安排本单位持证电工从事焊接切割作业，或者安排持有低压电工特种作业证的人员从事高压电工作业。

三、违法行为的法律责任

生产经营单位使用未取得相应资格的特种作业人员，或者特种作业人员未按照准许的作业类别和操作项目作业的，由负有安全生产监督管理职责的部门责令改正，可以处5万元以下罚款；拒不改正的，责令停产停业整顿，并处5万元以上10万元以下罚款，对其直接负责的主管人员和其他直接责任人员处1万元以上2万元以下罚款。

第四十二条 场所和设备设施安全条件法律责任

违反本规定第二十条第一项至第六项规定之一，不具备安全生产条件的，由负有安全生产监督管理职责的部门依法责令停产停业整顿；经停产停业整顿仍不具备安全生产条件的，予以关闭；有关部门应当依法吊销其有关证照。

● 条文解读

本条是关于生产经营单位场所和设备设施不具备安全生产条件的罚则规定。

一、被处罚主体

本条罚则的被处罚主体是生产经营单位。

二、违法行为的构成

本条罚则设定的违法行为主要表现为：一是使用违法建（构）筑物从事生产经营活动的；二是擅自变更规划许可确定的场所使用功能，危及生产安全的；三是占用、堵塞、封闭疏散通道、安全出口或者埋压、圈占、遮挡消火栓的；四是违规存放易燃易爆物品、危险化学品、放射性物品等物品的；五是生产、经营、储存、使用危险物品的车间、商店、仓库与员工宿舍设置在同一座建筑物内的；六是使用国家和本市明令淘汰的危及生产安全的设备及工艺的。

三、违法行为的法律责任

生产经营单位违反本规定第二十条第一项至第六项规定之一，不具备安全生产条件的，由负有安全生产监督管理职责的部门依法责令停产停业整顿；经停产停业整顿仍不具备安全生产条件的，予以关闭；有关部门应当依法吊销其有关证照。

第四十三条　安全防护装置法律责任

违反本规定第二十一条第二款规定,拆除或者停止使用安全防护装置的,由负有安全生产监督管理职责的部门责令改正,处5000元以上5万元以下罚款。

条文解读

本条是关于违规拆除或者停止使用安全防护装置的罚则规定。

一、被处罚主体

本条罚则的被处罚主体是生产经营单位。

二、违法行为的构成

生产经营单位违反规定拆除或者停止使用存在较大危险因素设备设施的安全防护装置,主要是指:一是擅自拆除或者停止使用安全防护装置的;二是因维修、检修等原因正常拆除或者停止使用安全防护装置,但维修、检修等完成后,没有重新启用安全防护装置的;三是设备实施的安全防护装置损坏,不能起到有效安全防护作用,仍然使用该设备的。

三、违法行为的法律责任

生产经营单位违反本规定第二十一条第二款规定，拆除或者停止使用安全防护装置的，由负有安全生产监督管理职责的部门责令改正，处 5000 元以上 5 万元以下罚款。

第四十四条　安全警示标志法律责任

违反本规定第二十二条规定，生产经营单位未在存在较大危险因素的生产经营场所或者设备设施上设置明显的安全警示标志的，由负有安全生产监督管理职责的部门责令改正，可以处 5 万元以下罚款；拒不改正的，处 5 万元以上 20 万元以下罚款，对其直接负责的主管人员和其他直接责任人员处 1 万元以上 2 万元以下罚款；情节严重的，责令停产停业整顿；构成犯罪的，依法追究刑事责任。

● 条文解读

本条是关于生产经营场所或者设备设施未按规定设置安全警示标志的罚则规定。

一、被处罚主体

本条罚则的被处罚主体是生产经营单位、直接负责的主管人员和其他直接责任人员。

二、违法行为的构成

本条罚则设定的违法行为主要有两种表现形式：一是生产经营单位在易燃、易爆、强腐蚀、有毒、粉尘、高温以及可能发生坠落、碰撞、触电等存在较大危险因素的生产经营场所和设备设施上，未设置安全警示标志；二是生产经营单位设置的安全警示标志不符合国家标准或者行业标准规定。

三、违法行为的法律责任

生产经营单位未在存在较大危险因素的生产经营场所或者设备设施上设置明显的安全警示标志的，由负有安全生产监督管理职责的部门责令改正，可以处5万元以下罚款；拒不改正的，处5万元以上20万元以下罚款，对其直接负责的主管人员和其他直接责任人员处1万元以上2万元以下罚款；情节严重的，责令停产停业整顿；构成犯罪的，依法追究刑事责任。实践中违法行为的情况比较复杂，是否属于"情节严重"，将由有关行政执法机关根据个案的具体情况进行判断。

第四十五条 安全告知法律责任

违反本规定第二十四条规定,生产经营单位未向从业人员如实告知作业场所和工作岗位存在的危险因素、防范措施以及事故应急措施的,由负有安全生产监督管理职责的部门责令改正,可以处5万元以下罚款;拒不改正的,责令停产停业整顿,并处5万元以上10万元以下罚款,对其直接负责的主管人员和其他直接责任人员处1万元以上2万元以下罚款。

● 条文解读

本条是关于生产经营单位未向从业人员进行安全告知的罚则规定。

一、被处罚主体

本条罚则的被处罚主体是生产经营单位、直接负责的主管人员和其他直接责任人员。

二、违法行为的构成

本条罚则设定的违法行为是生产经营单位未向从业人员如实告知作业场所和工作岗位存在的危险因素、防范措施以及事故应急措施。未如实告知分为三种情况:

一是应当告知而未告知；二是选择性告知，告知从业人员的内容不全面；三是误导隐瞒，故意告知从业人员错误信息。

三、违法行为的法律责任

违反本规定第二十四条规定，生产经营单位未向从业人员如实告知作业场所和工作岗位存在的危险因素、防范措施以及事故应急措施的，由负有安全生产监督管理职责的部门责令改正，可以处5万元以下罚款；拒不改正的，责令停产停业整顿，并处5万元以上10万元以下罚款，对其直接负责的主管人员和其他直接责任人员处1万元以上2万元以下罚款。

第四十六条　危险作业法律责任

违反本规定第二十五条规定，生产经营单位未遵守作业规定之一的，由负有安全生产监督管理职责的部门责令改正；拒不改正的，责令停产停业整顿，可以处2万元以上10万元以下罚款。

☞ **条文解读**

本条是关于生产经营单位危险作业未遵守有关规定

的罚则规定。

一、被处罚主体

本条罚则的被处罚主体是生产经营单位。

二、违法行为的构成

生产经营单位进行爆破、吊装、挖掘、悬吊、建设工程拆除、油罐清洗等危险作业,以及在有限空间内作业、动火作业、高处作业、带电作业、临近高压输电线路作业,未遵守下列规定之一:(1)未制定作业方案,按照本单位内部批准权限审批;(2)未进行安全交底,未向作业人员详细说明作业内容、主要危险因素、作业安全要求和应急措施等内容;(3)未安排专门人员进行现场管理,确认现场作业条件、作业人员上岗资格、身体状况符合安全作业要求,监督作业人员遵守操作规程,落实安全措施;(4)未配备与现场作业活动相适应的劳动防护用品,以及相应的安全警示标志、安全防护设备、应急救援装备;(5)发现直接危及人身安全的紧急情况,未立即采取应急措施,停止作业或者撤出作业人员。

三、违法行为的法律责任

违反本规定第二十五条规定,生产经营单位未遵守作业规定之一的,由负有安全生产监督管理职责的部门责令改正；拒不改正的，责令停产停业整顿，可以处2万元以上10万元以下罚款。

第四十七条　安全协议法律责任

违反本规定第二十六条规定，生产经营单位未签订安全生产管理协议，或者未在有关合同中明确各自的安全生产管理职责的，由负有安全生产监督管理职责的部门责令改正，可以处5万元以下罚款，对其直接负责的主管人员和其他直接责任人员可以处1万元以下罚款；拒不改正的，责令停产停业整顿。

☛ 条文解读

本条是关于未签订安全生产管理协议或者未在有关合同中明确各自的安全生产管理职责的罚则规定。

一、被处罚主体

本条罚则的被处罚主体是生产经营单位、直接负责的主管人员和其他直接责任人员。

二、违法行为的构成

本条罚则设定的违法行为，主要表现为以下三种情形：一是生产经营项目、场所发包或者出租给其他单位，未签订安全生产管理协议或者未在有关合同中明确各自的安全生产管理职责的；二是两个以上生产经营单位在同一作业区域内进行生产经营活动，可能危及对方生产安全，未签订安全生产协议的；三是委托其他生产经营单位从事相关危险作业，未签订安全生产管理协议或者未在有关合同中明确各自的安全生产管理职责的。

三、违法行为的法律责任

违反本规定第二十六条规定，生产经营单位未签订安全生产管理协议，或者未在有关合同中明确各自的安全生产管理职责的，由负有安全生产监督管理职责的部门责令改正，可以处 5 万元以下罚款，对其直接负责的主管人员和其他直接责任人员可以处 1 万元以下罚款；拒不改正的，责令停产停业整顿。

第四十八条 劳动防护用品法律责任

违反本规定第二十八条规定，生产经营单位未提供劳动防护用品的，或者未提供符合规定要求的劳动防护用品的，或者以货币、其他物品替代的，由负有安全生产监督管理职责的部门责令改正；拒不改正的，责令停产停业整顿，可以处5万元以下罚款。

● 条文解读

本条是关于生产经营单位未按要求提供劳动防护用品的罚则规定。

一、被处罚主体

本条罚则的被处罚主体是生产经营单位。

二、违法行为的构成

本条罚则设定的违法行为主要表现为以下三种情形：一是生产经营单位应当无偿提供和更新劳动防护用品，而未提供或更新的；二是已配备劳动防护用品，但所配备劳动防护用品的种类或者质量不符合国家标准或者行业标准的；三是以货币或者其他物品替代劳动防护用品的。

三、违法行为的法律责任

违反本规定第二十八条规定，生产经营单位未提供劳动防护用品的，或者未提供符合规定要求的劳动防护用品的，或者以货币、其他物品替代的，由负有安全生产监督管理职责的部门责令改正，拒不改正的，责令停产停业整顿，可以处5万元以下罚款。

第四十九条　停止作业规定

负有安全生产监督管理职责的部门责令生产经营单位改正违反本规定的行为的，生产经营单位在未改正前不得安排从业人员从事相关作业；仍然安排从业人员从事相关作业的，从业人员有权拒绝，生产经营单位不得因此降低从业人员工资、福利等待遇或者解除与其订立的劳动合同。

● **条文解读**

本条是关于改正违法行为前对从业人员的保护性规定。

本条的立法目的是通过要求生产经营单位履行义务和赋予从业人员权利两个方面来制约违法行为改正前不可控的安全风险。

一、生产经营单位停止特定的作业活动

在违法行为改正前，不受控的安全风险一直存在。因此，要求生产经营单位不得继续安排从业人员从事与该违法行为相关的特定作业活动。其主要目的是为了避免已经发现的问题长期得不到解决，最终导致生产安全事故发生的悲剧。

二、从业人员在不安全条件下的拒绝作业权

生产经营单位在改正违法行为前安排从业人员从事相关作业，是对生命的漠视。为了保护从业人员生命安全和健康，本规定赋予从业人员有拒绝生产经营单位将其安排在不安全条件下作业的权利。生产经营单位不得因从业人员拒绝在不安全条件下作业而降低其工资、福利等待遇或者解除与其订立的劳动合同。这也是以人为本，安全发展的底线。

第五十条 约谈和教育培训规定

对未履行安全生产主体责任的生产经营单位，除依法实施行政处罚外，负有安全生产监督管理职责的部门可以对生产经营单位的主要负责人进行约谈和教育培训，并依法公示生产经营单位或者生产经营单位的主要负责人的行政处罚信息。

◖ 条文解读

本条是关于对主要负责人约谈和教育培训等管理措施的规定。

生产经营单位是履行安全生产主体责任的主体，其

主要负责人对本单位安全生产工作全面负责。因此，未履行安全生产主体责任的生产经营单位，其主要负责人负有不可推卸的责任。本条对生产经营单位安全生产主体责任不落实，设定了两项行政管理措施：

一、对主要负责人进行约谈

在履行安全生产主体责任方面建立约谈制度是安全监管方式的一种探索和创新。约谈的目的是为了督促生产经营单位履行安全生产主体责任，并对其他生产经营单位进行警示。约谈由负有安全监管职责的部门按照《北京市安全生产约谈办法》具体实施。约谈前，负有安全监管职责的部门要做好相关准备工作，明确约谈对象、目的、程序和内容，约谈会议要形成记录，并进行存档。

二、对主要负责人进行教育培训

对主体责任落实不力的生产经营单位主要负责人进行安全生产教育培训也是督促履行安全生产主体责任的一种手段。但本规定的教育培训与约谈均带有惩戒性质，不同于一般意义上的安全生产教育培训。主要区别有以下几点：一是教育培训的对象特定，限定于未履行安全生产主体责任的生产经营单位主要负责人本人，不得由其他人员替代；二是教育培训的时间特定，参加培训的时间由负有安全生产监督管理职责的部门指定,若无其他法定事由,不得请假、不得缺席;三是教育培训的考核特殊,本条规定的教育培训不收取费用,培训内容以生产经营单位及其主要负责人安全生产主体责任为核心。教育培训期满考核不合格的,生产经营单位主要负责人应当继续参加教育培训,直到考核合格为止。

第五十一条　信用信息惩戒规定

负有安全生产监督管理职责的部门应当将生产经营单位受到行政处罚或者行政强制的信息,共享到本市公共信用信息平台,并可以向社会公布。有关政府部门可以根据本市公共信用信息管理规定,对生产经营单位采取惩戒措施。

● 条文解读

本条是关于安全生产信用信息和惩戒的规定。

为规范行政机关归集、公布和使用公共信用信息,实现公共信用信息资源共享,推进社会信用体系建设,本市制定了《北京市公共信用信息管理办法》,自2018年5月1日起施行。该办法第十条、第十一条规定,单位和自然人的不良信息包括"行政机关适用一般程序作出的行政处罚、行政强制信息"。相关负有安全监管职责的部门应当自公共信用信息形成之日起 15 个工作日内,将生产经营单位受到行政处罚或者行政强制的信息,共享到本市公共信用信息平台,并可以向社会公布。

该办法第二十七条规定:"对信用状况不良的单位和自然人,行政机关可以依法采取下列措施:(一)在办理行政许可过程中,重点予以核查;(二)在安排日常检查和专项检查中,增加检查频次;(三)限制申请政府补贴资金支持;(四)限制参与政府采购、政府购买服务、国有土地出让、政府投资项目或者主要使用财政性资金项目的招标等活动;(五)限制担任单位的法定代表人、负责人或者高级管理人员;(六)限制参与政府组织的表彰奖励活动;(七)国家规定的其他惩戒性措施。"

第五十二条 加处罚款规定

生产经营单位或者生产经营单位的主要负责人受到罚款处理后逾期不缴纳的,负有安全生产监督管理职责的部门可以每日按照罚款数额的 3% 加处罚款。

生产经营单位或者生产经营单位的主要负责人

在法定期限内不申请行政复议或者提起行政诉讼，又不缴纳罚款的，负有安全生产监督管理职责的部门可以依法申请人民法院强制执行。

● 条文解读

本条是关于逾期未缴纳罚款加处罚款的规定。

《行政处罚法》第五十一条规定，当事人逾期不履行行政处罚决定的，作出行政处罚决定的行政机关可以采取下列措施：（一）到期不缴纳罚款的，每日按罚款数额的百分之三加处罚款；（二）根据法律规定，将查封、扣押的财物拍卖或者将冻结的存款划拨抵缴罚款；（三）申请人民法院强制执行。

《行政强制法》第四十五条第二款规定，加处罚款或者滞纳金的数额不得超出金钱给付义务的数额。

第五十三条　失信被执行人规定

人民法院依法作出执行裁定、发出执行通知，当事人仍不履行义务的，人民法院依法发出限制消费令；当事人有履行能力而拒不履行义务或者违反限制消费令的，人民法院按照规定将其纳入失信被执行人名单。有关政府部门可以对当事人依法采取惩戒措施。

● 条文解读

本条是关于失信被执行人惩戒措施的规定。

《最高人民法院关于限制被执行人高消费及有关消费的若干规定》第一条规定:"被执行人未按执行通知书指定的期间履行生效法律文书确定的给付义务的,人民法院可以采取限制消费措施,限制其高消费及非生活或者经营必需的有关消费。纳入失信被执行人名单的被执行人,人民法院应当对其采取限制消费措施。"

《最高人民法院关于公布失信被执行人名单信息的若干规定》第一条规定:"被执行人未履行生效法律文书确定的义务,并具有下列情形之一的,人民法院应当将其纳入失信被执行人名单,依法对其进行信用惩戒:(一)有履行能力而拒不履行生效法律文书确定义务的;(二)以伪造证据、暴力、威胁等方法妨碍、抗拒执行的;(三)以虚假诉讼、虚假仲裁或者以隐匿、转移财产等方法规避执行的;(四)违反财产报告制度的;(五)违反限制消费令的;(六)无正当理由拒不履行执行和解协议的。"

第五部分 附 则

本部分共涉及 2 个条文，主要对小微企业划型和规章生效时间作出规定。

第五十四条 小微企业划型规定

本规定所称的小型或者微型企业，按照国家有关中小企业划型标准执行。

● 条文解读

本条是关于小型和微型企业划型标准的规定。

2011 年，为贯彻落实《中小企业促进法》和《国务院关于进一步促进中小企业发展的若干意见》，工业和信息化部、国家统计局、发展改革委、财政部制定印发了《中小企业划型标准规定》，明确了各行业大、中、小、微企业划型标准，其中小型、微型企业标准为：

行业名称	指标名称	计量单位	小型	微型
农、林、牧、渔业	营业收入（Y）	万元	50≤Y<500	Y<50
工业 *	从业人员（X）	人	20≤X<300	X<20
	营业收入（Y）	万元	300≤Y<2000	Y<300
建筑业	营业收入（Y）	万元	300≤Y<6000	Y<300
	资产总额（Z）	万元	300≤Z<5000	Z<300
批发业	从业人员（X）	人	5≤X<20	X<5
	营业收入（Y）	万元	1000≤Y<5000	Y<1000
零售业	从业人员（X）	人	10≤X<50	X<10
	营业收入（Y）	万元	100≤Y<500	Y<100
交通运输业 *	从业人员（X）	人	20≤X<300	X<20
	营业收入（Y）	万元	200≤Y<3000	Y<200
仓储业	从业人员（X）	人	20≤X<100	X<20
	营业收入（Y）	万元	100≤Y<1000	Y<100
邮政业	从业人员（X）	人	20≤X<300	X<20
	营业收入（Y）	万元	100≤Y<2000	Y<100
住宿业	从业人员（X）	人	10≤X<100	X<10
	营业收入（Y）	万元	100≤Y<2000	Y<100
餐饮业	从业人员（X）	人	10≤X<100	X<10
	营业收入（Y）	万元	100≤Y<2000	Y<100
信息传输业 *	从业人员（X）	人	10≤X<100	X<10
	营业收入（Y）	万元	100≤Y<1000	Y<100
软件和信息技术服务业	从业人员（X）	人	10≤X<100	X<10
	营业收入（Y）	万元	50≤Y<1000	Y<50

续表

行业名称	指标名称	计量单位	小型	微型
房地产开发经营	营业收入（Y）	万元	$100 \leqslant Y < 1000$	$Y < 100$
	资产总额（Z）	万元	$2000 \leqslant Z < 5000$	$Z < 2000$
物业管理	从业人员（X）	人	$100 \leqslant X < 300$	$X < 100$
	营业收入（Y）	万元	$500 \leqslant Y < 1000$	$Y < 500$
租赁和商务服务业	从业人员（X）	人	$10 \leqslant X < 100$	$X < 10$
	资产总额（Z）	万元	$100 \leqslant Z < 8000$	$Z < 100$
其他未列明行业*	从业人员（X）	人	$10 \leqslant X < 100$	$X < 10$

说明：

1. 小型企业须同时满足所列指标的下限，否则下划一档；微型企业只须满足所列指标中的一项即可。

2. 各行业的范围以《国民经济行业分类》为准。带*的项为行业组合类别，其中，工业包括采矿业，制造业，电力、热力、燃气及水生产和供应业；交通运输业包括道路运输业，水上运输业，航空运输业，管道运输业，装卸搬运和运输代理业，不包括铁路运输业；信息传输业包括电信、广播电视和卫星传输服务，互联网和相关服务；其他未列明行业包括科学研究和技术服务业，水利、环境和公共设施管理业，居民服务、修理和其他服务业，社会工作，文化、体育和娱乐业，以及房地产中介服务，其他房地产业等，不包括自有房地产经营活动。

3. 企业划分指标以现行统计制度为准。（1）从业人员，是指期末从业人员数，没有期末从业人员数的，采用全年平均人员数代替。（2）营业收入，工业、建筑业、限额以上批发和零售业、限额以上住宿和餐饮业以及其他设置主营业务收入指标的行业，采用主营业务收入；限额以下批发与零售业企业采用商品销售额代替；限额以下住宿与餐饮业企业采用营业额代替；农、林、牧、渔业企业采用营业总收入代替；其他未设置主营业务收入的行业，采用营业收入指标。（3）资产总额，采用资产总计代替。

第五十五条　生效时间

本规定自 2019 年 7 月 15 日起施行。

● 条文解读

本条是关于本规定生效时间的规定。

法律、法规、规章生效的时间一般是根据法律、法规、规章的具体性质和实际需要来决定的。主要有以下三种形式：一是自法律、法规、规章公布之日起生效；二是由法律、法规、规章本身规定具体生效时间；三是由法律、法规、规章本身规定公布后至一定期限开始生效。本规定采用的是第二种方式，由规章本身规定具体生效时间。

本规定经 2019 年 4 月 16 日第 32 次市政府常务会议审议通过，2019 年 5 月 30 日正式签发公布，自 2019 年 7 月 15 日起施行。

本规定施行前，负有安全监管职责的部门发现生产经营单位存在违反本规定的违法行为的，不得适用本规定对生产经营单位实施行政处罚。

附 录

北京市人民政府令

（第 285 号）

《北京市生产经营单位安全生产主体责任规定》已经 2019 年 4 月 16 日市人民政府第 32 次常务会议审议通过，现予公布，自 2019 年 7 月 15 日起施行。

市长　陈吉宁

2019 年 5 月 30 日

北京市生产经营单位安全生产主体责任规定

第一条 为落实生产经营单位安全生产主体责任，根据《中华人民共和国安全生产法》等法律、法规，结合本市实际情况，制定本规定。

第二条 本市行政区域内的生产经营单位应当依照本规定履行安全生产主体责任。

第三条 生产经营单位是安全生产的责任主体，应当遵守有关安全生产的法律、法规、规章和标准，建立、健全安全生产责任制和安全生产规章制度，改善安全生产条件，推进安全生产标准化建设，加强安全生产管理，提高安全生产水平，并对未履行安全生产主体责任导致的后果负责。

第四条 生产经营单位的主要负责人对本单位的安全生产工作全面负责，履行下列职责：

（一）建立、健全并督促落实安全生产责任制；

（二）组织制定并督促落实安全生产规章制度和操作

规程；

（三）组织制定并实施安全生产教育和培训计划；

（四）保证安全生产投入的有效实施；

（五）每季度至少研究一次安全生产工作；

（六）督促检查安全生产工作，及时消除生产安全事故隐患；

（七）每年向职工代表大会或者职工大会报告安全生产工作情况；依法不需要建立职工代表大会或者职工大会的小型或者微型企业等规模较小的生产经营单位，应当每年向从业人员通报安全生产工作情况；

（八）组织制定并实施生产安全事故应急救援预案；

（九）及时、如实报告生产安全事故。

第五条 生产经营单位分管安全生产工作的负责人或者安全总监协助主要负责人履行安全生产职责，其他分管负责人对分管业务范围内的安全生产工作负责。

安全总监的具体办法，由市应急管理部门会同国有资产管理部门和有关行业管理部门制定。

第六条 生产经营单位的安全生产责任制应当明确主要负责人、其他负责人、各职能部门负责人、车间和班组负责人、其他从业人员等全体人员的安全生产责任范围和考核标准等内容。

生产经营单位应当每年对安全生产责任制落实情况进行考核,考核结果作为安全生产奖励和惩罚的依据。

第七条 生产经营单位的主要负责人应当组织制定下列安全生产规章制度:

(一)安全生产教育和培训制度;

(二)安全生产检查制度;

(三)生产安全事故隐患排查和治理制度;

(四)具有较大危险因素的生产经营场所、设备和设施的安全管理制度;

(五)安全生产资金投入或者安全生产费用提取、使用和管理制度;

(六)危险作业管理制度;

(七)特种作业人员管理制度;

(八)劳动防护用品配备和使用制度;

(九)安全生产奖励和惩罚制度;

(十)生产安全事故报告和调查处理制度;

(十一)法律、法规、规章规定的其他安全生产制度。

第八条 生产经营单位应当依照法律、法规、规章和国家标准、行业标准，结合工艺流程、技术设备特点以及原辅料危险性等情况，制定安全操作规程。

安全操作规程应当覆盖本单位生产经营活动的全过程。

安全操作规程应当明确安全操作要求、作业环境要求、作业防护要求、禁止事项、紧急情况现场处置措施等内容。

第九条 生产经营单位应当履行下列安全生产资金投入的责任：

（一）保证具备安全生产条件所必需的资金投入；

（二）安排用于配备劳动防护用品、进行安全生产教育和培训的经费；

（三）有关生产经营单位应当按照国家规定提取和使用安全生产费用，专门用于改善安全生产条件。

第十条 本市按照国家规定建立安全生产责任保险制度。矿山、金属冶炼、建筑施工、道路运输、危险物品、烟花爆竹、民用爆炸物品等生产经营单位，应当投保安全生产责任保险。鼓励其他生产经营单位投保安全生产责任保险。

安全生产责任保险的具体办法，由市应急管理部门会同有关部门制定。

第十一条 矿山、金属冶炼、建筑施工、道路运输、危险物品的生产经营单位，应当按照下列规定设置安全生产管理机构或者配备专职安全生产管理人员，但国家另有规定的除外：

（一）从业人员总数超过100人的，应当设置安全生产管理机构，按照不少于从业人员总数1%的比例配备专职安全生产管理人员，且最低不得少于3人；

（二）从业人员总数在100人以下的，应当配备专职安全生产管理人员。

第十二条 本规定第十一条规定以外的生产经营单位，应当按照下列规定设置安全生产管理机构或者配备安全生产管理人员：

（一）从业人员总数超过300人的，应当设置安全生产管理机构，按照不少于从业人员总数0.5%的比例配备专职安全生产管理人员，且最低不得少于3人；

（二）从业人员总数超过100人且在300人以下的，应当配备不少于2人的专职安全生产管理人员；

（三）从业人员总数在100人以下的，应当配备专职或者兼职安全生产管理人员，或者委托依法设立的安全生产技术、管理服务机构提供安全生产管理服务。

第十三条　生产经营单位使用被派遣劳动者的,应当将被派遣劳动者纳入本单位从业人员统一管理,被派遣劳动者的数量计入本单位从业人员总数。

第十四条　矿山、金属冶炼、危险物品的生产经营单位配备的安全生产管理人员中,具有相应类别的注册安全工程师的数量,不得少于安全生产管理人员总数的15%,且最低不得少于1人。

鼓励其他生产经营单位聘用注册安全工程师从事安全生产管理工作。

第十五条　生产经营单位的安全生产管理机构或者安全生产管理人员履行下列职责:

(一) 组织或者参与拟订安全生产规章制度、操作规程和生产安全事故应急救援预案;

(二) 组织或者参与安全生产教育和培训,如实记录安全生产教育和培训情况;

(三) 督促落实重大危险源的安全管理措施;

(四) 组织或者参与应急救援演练;

(五) 检查安全生产状况,及时排查事故隐患,提出改进安全生产管理的建议;

（六）制止和纠正违章指挥、强令冒险作业、违反操作规程的行为；

（七）督促落实安全生产整改措施；

（八）督促本单位其他机构和人员履行安全生产职责，组织或者参与安全生产考核，提出奖惩意见；

（九）依法组织或者参与生产安全事故调查处理。

第十六条　生产经营单位的主要负责人和安全生产管理人员应当具备与所从事的生产经营活动相适应的安全生产知识和管理能力。

第十七条　生产经营单位应当履行下列安全生产教育和培训的责任：

（一）对从业人员进行安全生产教育和培训，保证从业人员具备必要的安全生产知识，熟悉有关安全生产规章制度和安全操作规程，掌握本岗位安全操作技能，了解事故应急处理措施，知悉自身在安全生产方面的权利和义务；

（二）对新招用、换岗、离岗6个月以上的人员，以及采用新工艺、新技术、新材料或者使用新设备的人员，进行安全生产教育和培训；

（三）教育和培训的内容和学时，符合法律、法规、规章的规定；

（四）未经安全生产教育和培训合格的人员，不得安排上岗作业；

（五）建立安全生产教育和培训档案，如实记录教育和培训的时间、内容、参加人员以及考核结果等情况。

第十八条 生产经营单位的安全生产教育和培训档案应当包括下列内容：

（一）教育和培训的内容或者影像资料；

（二）教育和培训的签到表和培训学时记录；

（三）考试试卷或者从业人员本人签名的考核记录。

小型或者微型企业等规模较小的生产经营单位的安全生产教育和培训档案，应当至少包括本条第一款第一项规定的内容。

第十九条 生产经营单位进行特种作业活动，应当使用取得相应资格的特种作业人员。

生产经营单位应当核实特种作业人员的操作资格，按照准许的作业类别和操作项目安排特种作业人员上岗作业。

第二十条 生产经营单位应当履行下列场所和设备设施的安全责任：

（一）不得使用违法建（构）筑物从事生产经营活动；

（二）不得擅自变更规划许可确定的场所使用功能，危及生产安全；

（三）不得占用、堵塞、封闭疏散通道、安全出口或者埋压、圈占、遮挡消火栓；

（四）不得违反规定存放易燃易爆物品、危险物品、放射性物品等物品；

（五）生产、经营、储存、使用危险物品的车间、商店、仓库不得与员工宿舍设置在同一座建筑物内；

（六）不得使用国家和本市明令淘汰的危及生产安全的设备及工艺；

（七）不得违反法律、法规、规章和国家标准、行业标准的其他禁止性规定和要求。

第二十一条 生产经营单位设备设施的安装、运行和管理，应当符合国家标准或者行业标准，定期维护、保养和检修，保证设备设施的正常运转。

存在较大危险因素设备设施的安全防护装置，应当符合国家标准或者行业标准，不得违反规定拆除或者停止使用。

第二十二条 生产经营单位应当在存在较大危险因素的生产经营场所或者设备设施上设置明显的安全警示标志。安全警示标志应当符合国家标准或者行业标准。

第二十三条 生产经营单位作出下列涉及安全生产的经营决策，应当听取安全生产管理机构或者安全生产管理人员的意见：

（一）安全生产投入计划；

（二）生产经营布局调整方案；

（三）存在较大危险因素设备设施的更新、改造计划；

（四）采用新工艺、新流程、新材料的计划；

（五）生产经营场所、项目、设备设施的发包或者出租计划等。

第二十四条 生产经营单位应当向从业人员如实告知作业场所和工作岗位存在的危险因素、防范措施以及事故应急措施。

第二十五条 生产经营单位进行爆破、吊装、挖掘、悬吊、建设工程拆除、油罐清洗等危险作业，以及在有限空间内作业、动火作业、高处作业、带电作业、临近高压输电线路作业，应当遵守下列规定：

（一）制定作业方案，按照本单位内部批准权限审批；

（二）落实安全交底，向作业人员详细说明作业内容、主要危险因素、作业安全要求和应急措施等内容；

（三）安排专门人员进行现场管理，确认现场作业条件、作业人员上岗资格、身体状况符合安全作业要求，监督作业人员遵守操作规程，落实安全措施；

（四）配备与现场作业活动相适应的劳动防护用品，以及相应的安全警示标志、安全防护设备、应急救援装备；

（五）发现直接危及人身安全的紧急情况，立即采取应急措施，停止作业或者撤出作业人员。

第二十六条　有下列情形之一的，生产经营单位应当签订安全生产管理协议，或者在有关合同中明确各自的安全生产管理职责：

（一）发包或者出租生产经营项目、场所、设备的；

（二）两个以上生产经营单位在同一作业区域内进行生产经营活动，可能危及对方生产安全的；

（三）委托其他生产经营单位从事本规定第二十五条规定所列作业的。

第二十七条 安全生产管理协议应当包括下列内容：

（一）双方安全生产职责、各自管理的区域范围；

（二）作业场所、作业人员、设备设施的安全生产管理责任；

（三）双方有关安全生产的权利和义务；

（四）生产安全事故报告和应急救援责任。

第二十八条 生产经营单位应当定期为从业人员无偿提供和更新符合国家标准或者行业标准的劳动防护用品，督促、教育从业人员正确佩戴、使用，并如实记录购买和发放劳动防护用品的情况。

劳动防护用品不得以货币或者其他物品替代。

第二十九条 生产经营单位应当定期对作业场所、工艺、设备和岗位进行危害辨识，开展风险评估，确定风险等级，采取相应的风险管控措施；按照国家和本市有关规定开展生产安全事故隐患排查治理；发现直接危及人身安全的紧急情况，现场负责人有权停止作业、撤离人员。

小型或者微型企业等规模较小的生产经营单位，应当至少排查治理用火、用电、用气等方面的生产安全事故隐患。

第三十条　生产经营单位应当履行下列生产安全事故应急救援的责任：

（一）制定生产安全事故应急救援预案，并与所在地的区政府组织制定的生产安全事故应急救援预案相衔接；

（二）每年至少组织一次应急救援演练；

（三）配备必要的应急救援人员；

（四）发生生产安全事故后，迅速采取有效措施，组织抢救，防止事故扩大，减少人员伤亡和财产损失。

小型或者微型企业等规模较小的生产经营单位，可以不制定生产安全事故应急救援预案，但应当编制现场处置方案，指定兼职的应急救援人员，并可以与邻近的应急救援队伍签订应急救援协议。

第三十一条　危险物品的生产、经营、储存单位以及矿山、金属冶炼、城市轨道交通运营、建筑施工单位，应当建立应急救援组织，配备应急救援人员和必要的应急救援器材、设备设施和物资，并进行经常性维护、保养，保证正常运行。

第三十二条　市和区应急管理、经济信息化、公安、规划自然资源、住房城乡建设、城市管理、交通、水务、市场监管、园林绿化和农业农村等负有安全生产监督管理职责的部门（以下统称负有安全生产监督管理职责的部门）在各自职责范围内，对相关行业、领域的生产经营单位履行安全生产主体责任的情况实施监督管理。

其他政府部门按照法律、法规、规章和市政府确定的职责，对相关行业、领域的生产经营单位履行安全生产主体责任的情况实施管理。

第三十三条　负有安全生产监督管理职责的部门应当对下列生产经营单位进行重点监督检查：

（一）近三年内发生过生产安全事故的；

（二）近两年内受到过安全生产行政处罚的；

（三）上一年被举报投诉存在生产安全事故隐患，经查证属实的。

第三十四条　生产经营单位的主要负责人未履行本规定第四条规定的安全生产管理职责，或者未组织制定本规定第七条规定所列安全生产规章制度之一的，由负有安全生产监督管理职责的部门责令改正；拒不改正的，责令停产停业整顿，并处2万元以上5万元以下罚款。

生产经营单位的主要负责人有前款违法行为，导致发生生产安全事故的，依法给予撤职处分；构成犯罪的，依法追究刑事责任。

生产经营单位的主要负责人依照前款规定受刑事处罚或者撤职处分的，自刑罚执行完毕或者受处分之日起，5年内不得担任任何生产经营单位的主要负责人；对重大、特别重大生产安全事故负有责任的，终身不得担任本行业生产经营单位的主要负责人。

第三十五条 违反本规定第九条规定，生产经营单位未履行安全生产资金投入责任，致使生产经营单位不具备安全生产条件的，由负有安全生产监督管理职责的部门责令改正，提供必需的资金；拒不改正的，责令停产停业整顿。

有前款违法行为，导致发生生产安全事故的，对生产经营单位的主要负责人依法给予撤职处分，由负有安全生产监督管理职责的部门对个人经营的投资人处2万元以上20万元以下罚款；构成犯罪的，依法追究刑事责任。

第三十六条 违反本规定第十一条或者第十二条规定，生产经营单位未按照规定设置安全生产管理机构或者配备安全生产管理人员的，由负有安全生产监督管理职责的部门责令改正，可以处5万元以下罚款；拒不改正的，责令停产停业整顿，并处5万元以上10万元以下罚款，对其直接负责的主管人员和其他直接责任人员处1万元以上2万元以下罚款。

第三十七条 违反本规定第十四条第一款规定，生产经营单位未按照规定配备注册安全工程师的，由负有安全生产监督管理职责的部门责令改正，可以处5000元以上2万元以下罚款。

第三十八条 违反本规定第十五条规定，生产经营单位的安全生产管理人员未履行安全生产管理职责的，由负有安全生产监督管理职责的部门责令改正；导致发生生产安全事故的，暂停或者撤销其与安全生产有关的资格；构成犯罪的，依法追究刑事责任。

第三十九条 违反本规定第十七条规定，生产经营单位未履行安全生产教育和培训责任的，由负有安全生产监督管理职责的部门责令改正；拒不改正的，责令停产停业整顿，可以处2万元以下罚款。

第四十条 违反本规定第十八条规定，生产经营单位未建立或者健全安全生产教育和培训档案的，由负有安全生产监督管理职责的部门责令改正，可以处1000元以上1万元以下罚款。

第四十一条 违反本规定第十九条规定，生产经营单位使用未取得相应资格的特种作业人员,或者特种作业人员未按照准许的作业类别和操作项目作业的,由负有安全生产监督管理职责的部门责令改正,可以处5万元以下罚款;拒不改正的,责令停产停业整顿,并处5万元以上10万元以下罚款,对其直接负责的主管人员和其他直接责任人员处1万元以上2万元以下罚款。

第四十二条 违反本规定第二十条第一项至第六项规定之一,不具备安全生产条件的,由负有安全生产监督管理职责的部门依法责令停产停业整顿;经停产停业整顿仍不具备安全生产条件的,予以关闭;有关部门应当依法吊销其有关证照。

第四十三条 违反本规定第二十一条第二款规定,拆除或者停止使用安全防护装置的,由负有安全生产监督管理职责的部门责令改正,处5000元以上5万元以下罚款。

第四十四条 违反本规定第二十二条规定,生产经营单位未在存在较大危险因素的生产经营场所或者设备设施上设置明显的安全警示标志的,由负有安全生产监督管理职责的部门责令改正,可以处5万元以下罚款;拒不改正的,处5万元以上20万元以下罚款,对其直接负责的主管人员和其他直接责任人员处1万元以上2万元以下罚款；情节严重的，责令停产停业整顿；构成犯罪的，依法追究刑事责任。

第四十五条 违反本规定第二十四条规定，生产经营单位未向从业人员如实告知作业场所和工作岗位存在的危险因素、防范措施以及事故应急措施的，由负有安全生产监督管理职责的部门责令改正，可以处5万元以下罚款；拒不改正的，责令停产停业整顿，并处5万元以上10万元以下罚款，对其直接负责的主管人员和其他直接责任人员处1万元以上2万元以下罚款。

第四十六条 违反本规定第二十五条规定，生产经营单位未遵守作业规定之一的，由负有安全生产监督管理职责的部门责令改正；拒不改正的，责令停产停业整顿，可以处2万元以上10万元以下罚款。

第四十七条 违反本规定第二十六条规定，生产经营单位未签订安全生产管理协议，或者未在有关合同中明确各自的安全生产管理职责的，由负有安全生产监督管理职责的部门责令改正，可以处5万元以下罚款，对其直接负责的主管人员和其他直接责任人员可以处1万元以下罚款；拒不改正的，责令停产停业整顿。

第四十八条　违反本规定第二十八条规定，生产经营单位未提供劳动防护用品的，或者未提供符合规定要求的劳动防护用品的，或者以货币、其他物品替代的，由负有安全生产监督管理职责的部门责令改正；拒不改正的，责令停产停业整顿，可以处5万元以下罚款。

第四十九条　负有安全生产监督管理职责的部门责令生产经营单位改正违反本规定的行为的，生产经营单位在未改正前不得安排从业人员从事相关作业；仍然安排从业人员从事相关作业的，从业人员有权拒绝，生产经营单位不得因此降低从业人员工资、福利等待遇或者解除与其订立的劳动合同。

第五十条　对未履行安全生产主体责任的生产经营单位，除依法实施行政处罚外，负有安全生产监督管理职责的部门可以对生产经营单位的主要负责人进行约谈和教育培训，并依法公示生产经营单位或者生产经营单位的主要负责人的行政处罚信息。

第五十一条　负有安全生产监督管理职责的部门应当将生产经营单位受到行政处罚或者行政强制的信息，共享到本市公共信用信息平台，并可以向社会公布。有关政府部门可以根据本市公共信用信息管理规定，对生产经营单位采取惩戒措施。

第五十二条 生产经营单位或者生产经营单位的主要负责人受到罚款处理后逾期不缴纳的,负有安全生产监督管理职责的部门可以每日按照罚款数额的3%加处罚款。

生产经营单位或者生产经营单位的主要负责人在法定期限内不申请行政复议或者提起行政诉讼,又不缴纳罚款的,负有安全生产监督管理职责的部门可以依法申请人民法院强制执行。

第五十三条 人民法院依法作出执行裁定、发出执行通知,当事人仍不履行义务的,人民法院依法发出限制消费令;当事人有履行能力而拒不履行义务或者违反限制消费令的,人民法院按照规定将其纳入失信被执行人名单。有关政府部门可以对当事人依法采取惩戒措施。

第五十四条 本规定所称的小型或者微型企业,按照国家有关中小企业划型标准执行。

第五十五条 本规定自2019年7月15日起施行。

图书在版编目（CIP）数据

北京市生产经营单位安全生产主体责任规定释义／北京市应急管理局，北京市司法局编著．—北京：中国法制出版社，2019.10

ISBN 978-7-5216-0366-8

Ⅰ.①北… Ⅱ.①北…②北… Ⅲ.①安全生产-安全法规-研究-北京 Ⅳ.①D927.102.54

中国版本图书馆 CIP 数据核字（2019）第 153694 号

责任编辑：袁笋冰 王 彤 　　　　　　　封面设计：李 宁

北京市生产经营单位安全生产主体责任规定释义

BEIJINGSHI SHENGCHAN JINGYING DANWEI ANQUAN SHENGCHAN ZHUTI ZEREN GUIDING SHIYI

编著/北京市应急管理局，北京市司法局
经销/新华书店
印刷/河北鑫兆源印刷有限公司
开本/880 毫米×1230 毫米 32 开　　　　印张/6　字数/81 千
版次/2019 年 10 月第 1 版　　　　　　　2019 年 10 月第 1 次印刷

中国法制出版社出版
书号 ISBN 978-7-5216-0366-8　　　　　　定价：20.00 元

北京西单横二条 2 号
邮政编码 100031　　　　　　　　　　　传真：010-66031119
网址：http://www.zgfzs.com　　　　　编辑部电话：010-66080537
市场营销部电话：010-66033393　　　　邮购部电话：010-66033288

（如有印装质量问题，请与本社印务部联系调换。电话：010-66032926）